中 国 知 网 全 文 收 录 辑 刊
劳动经济学会会刊 | 智联招聘品牌所有

CHO® 首席人才官

商 业 与 管 理 评 论

（第十二辑）智联招聘 主编

中国财富出版社有限公司

图书在版编目（CIP）数据

首席人才官商业与管理评论. 第十二辑/智联招聘主编. — 北京：中国财富出版社有限公司，2020.8

ISBN 978–7–5047–7205–3

I. ①首… II. ①智… III. ①企业管理–人才–招聘–丛刊 IV. ①F272.92-55

中国版本图书馆CIP数据核字（2020）第144893号

策划编辑	李 晗	**责任编辑**	邢有涛 李 晗	**责任发行**	白 昕
责任印制	梁 凡	**责任校对**	张营营	**装帧设计**	张 娟

出版发行	中国财富出版社有限公司		
社 址	北京市丰台区南四环西路188号5区20楼	**邮政编码**	100070
电 话	010-52227588转2098（发行部）		010-52227588转321（总编室）
	010-52227588转100（读者服务部）		010-52227588转305（质检部）
网 址	http://www.cfpress.com.cn	**排 版**	智联招聘
经 销	新华书店	**印 刷**	北京柏力行彩印有限公司
书 号	ISBN 978–7–5047–7205–3/F·3186		
开 本	889mm×1194mm 1/16	**版 次**	2020年8月第1版
印 张	7.5	**印 次**	2020年8月第1次印刷
字 数	243千字	**定 价**	39.00元

AGE OF REFINEMENT

智联招聘推出“AI易面”AI+HR走向精细化时代

智联招聘推出面试新品
黑科技开拓 AI 应用新版图

随着经济形势的变化，人才市场的格局还将持续变化。疫情期间，电商、物流、线上教育等行业的需求爆发式增长，使得人才市场上对快递员、外卖员、在线教师等职业的用工需求大幅增长。

根据智联招聘2020第一季度《中国就业市场景气报告》，物流行业招聘职位数同比提高11%，外卖经济也逆势上扬。这些用工需求较大的基础型岗位成为许多人的失业避风港，而教育/培训/院校行业招聘需求人数同比增长1.27%，CIER（中国就业市场景气指数）较去年同期的4.45上升至4.76，人才市场部分热门岗位的招聘需求一时间活跃度高涨。

AI赋能人才选拔 解放HR重复性劳动

面对众多岗位的集中招聘需求，提高人才选拔效率成为人力资源工作者的首要任务。但当前HR的日常工作却往往与追求效率的目标背道而驰。仅就招聘环节而言，通常情况下，HR协调邀约面试需2~5天，面试需1个小时左右，后续跟进周期则更长。寻找一位优质且符合企业需求的候选人至少要花费HR一周甚至半个月的时间。在这期间，HR还要同步寻找、维护各类招聘渠道，制订岗位说明书等，持续寻找新的候选人。在大批量岗位招聘情况下，高重复性的工作，让HR投入大量的精力与时间，可能成果却仍不尽人意。HR们的工作积极性受到打击，工作效率更是难以保证，甚至影响组织内业务的发展。

针对这些招聘痛点，不少知名企业已经开始在一些招聘场景中采用AI技术辅助面试，例如可口可乐、联合利华、欧莱雅等都采用了相关AI面试产品，协助HR完成部分重复性、机械性工作，提升工作效率与价值。

虽然AI赋能人力资源已经有了一定的应用基础，但实际需求的发展也在倒逼企业升级产品且仍然有一些需求是AI面试无法满足的。在新职业日益增多、职业选择日益丰富、岗位需求多元化的就业市场，仅通过面容识别和语言能力检验仍难满足企业的实际需要，需要AI面试产品持续进行技术升级，拓展语义分析、综合素质考察维度等，深入人才选拔各环节，全面、高效甄别人才。

智联招聘深耕AI 布局视频面试新场景

需求的升级，无疑对产品出品方提出了更高要求——不仅需要有丰富的行业与用户洞察积累，还要深入了解各行业多种招聘的应用场景，以及大数据积累和大数据的处理应用能力。

智联招聘作为国内人才生态的领导者，自主推出了“4D看人”人才评估模型，从能力、性格、动机、胜任力等方面全方位再现人才的价值，开启了探索人岗匹配的道路。近年来，智联招聘将重点放在提高信息技术力上，建立了智联技术研发中心，专注于利用大数据和AI技术提高招聘效率，基于平台海量的用户画像数据、行为数据，陆续构建了庞大的数据标签体系，并通过知识图谱＋机器学习技术，让条件偏好、互相匹配的对象快速相遇。

在疫情期间，依托于长期的技术研发与市场需求研判，智联招聘迅速将前期内部创新的视频面试产品启动，在全国全面推广，同时基于不同的使用场景，分别推出了适用于一对一、一对多、多对一等多种场景的不同视频面试产品，满足文字、音频、视频等多功能需求，为可视化解决方案积累了广泛的使用经验，也为智联以视频为媒介进行AI分析奠定了基础。

当下，智联招聘即将推出全新的AI视频面试产品“AI易面”，该产品由智联招聘旗下领先的人才评估与发展平台“智联人才发展中心”研发推出。作为一款AI智能选拔工具，“AI易面”专注于人才测评与AI面试的深度结合，解决有大规模用工需求的岗位，可应用在各类招聘的面试前选拔阶段。此外，“AI易面”在视频面试的过程中通过语义分析、视频分析、结构化面试题等技术，辅以经典性格和智力测评，构建全方位的候选人画像，智能完成人岗匹配。

在5G技术的全面普及背景下，高速率网络将带来视频媒介的大发展。AI+HR无疑是未来人力资源工作的大趋势，而以视频为媒介进行的AI分析更是其中的重要一步。智联招聘重磅布局AI人才选拔，以科技为助力，相信未来会为人力资源行业带来更多可能。

智联招聘 zhaopin.com | 智联人才发展中心 Talent Development

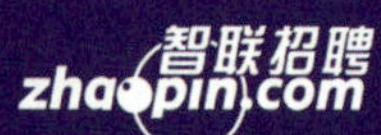

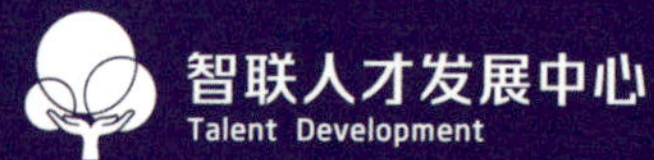

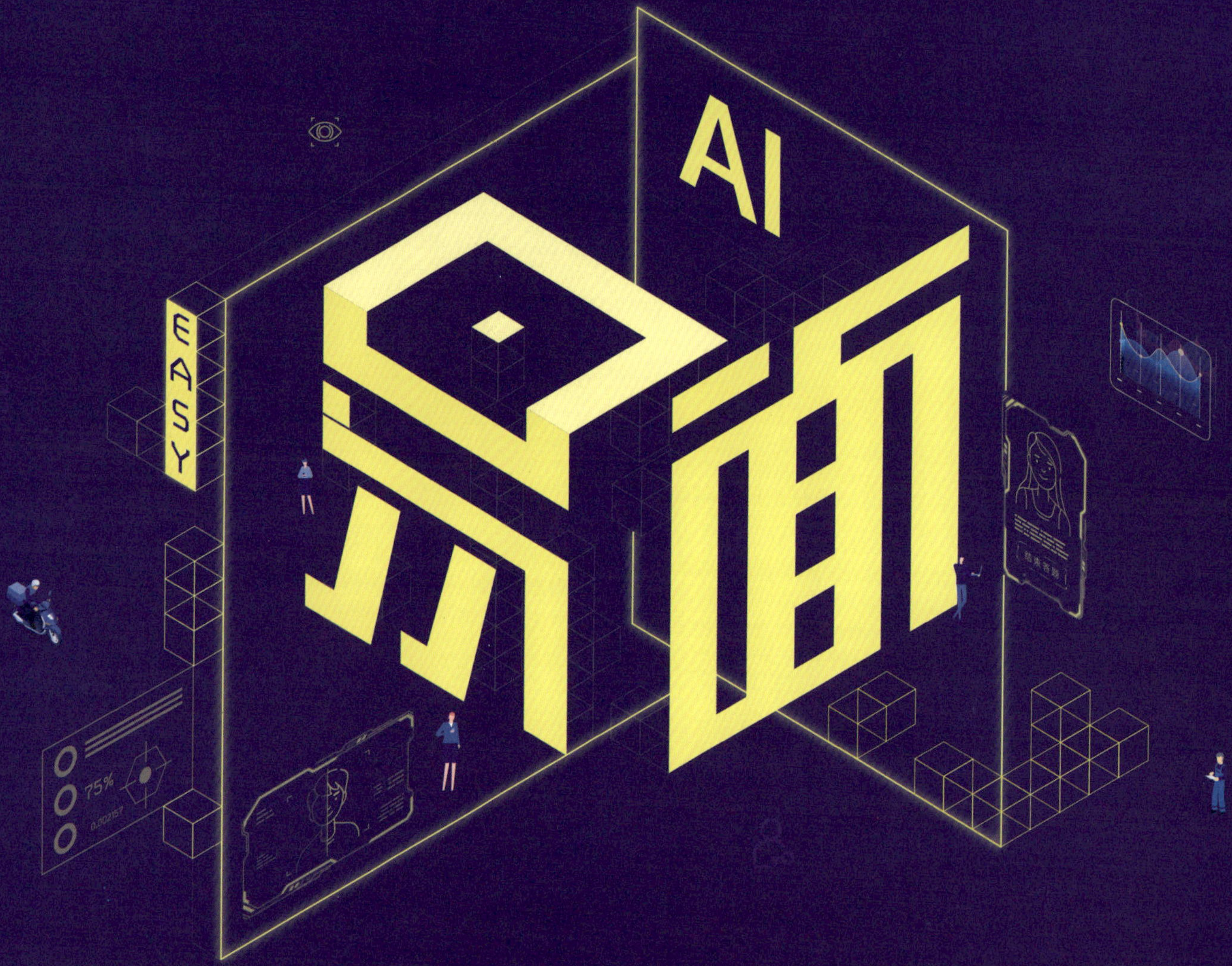

Contents 目录

1 国际化人才管理
International Talent Management

2

前言

本专辑聚焦中国企业“走出去”国际化经营过程中的人才管理，希望总结来自企业实践的经验或教训，并提出具有可操作性的思路或方案，助力中国企业的国际化经营。

3

中国企业“走出去”的国际化经营和跨境流动人才管理的挑战

虽然，当下存在着逆全球化的推动力量，国家之间的贸易壁垒等有被强化的现象，但是可以肯定，在“地球村”实现更高等级的全球化，持续消除企业经营要素跨国家流动的壁垒，这样的大趋势因其可以带来更大的社会福祉而不会被根本逆转。

11

浅议中国企业走向全球和国际人才管理

大多数中国企业仍处于流动性之旅的开始阶段，虽然许多中国企业已经在海外迅速扩张，但尚未深入实施战略解决方案，也尚未组建全球流动性团队来照顾其流动员工，甚至还没有制订明确的全球流动性战略或政策。

Contents

20

中国企业“走出去”人才管理三大困局和破局之策

在“走出去”过程中，中国企业应当始终保持开放的心态，对摩擦和碰撞做好充足的预案，不断探索符合各国实际情况、适应当地文化习俗的管控模式和管理深度。

24

跨境人才合规化管理真的很重要

打破规则的解决方案背后是管理者对于成本降低和利润最大化的管理逻辑，我们可以看到中国企业面对成本控制的巨大挑战以及用创新的思路解决问题的决心。但是，这个账是不是划算？这样的风险值不值得去冒？怕是要算明白才好。

29

企业员工国际派遣的“难”与“暖”

企业员工外派的成本非常高，多年培养的外派人才无法回流，也是企业国际化人才战略的损失。企业可从外派流程上设计一个员工从派出到回流的闭环，与外派前讨论的职业生涯发展相结合，在外派结束前主动与员工沟通回流发展路径，将会有效避免关键人才在外派中的流失。

38

跨境人力资源管理与人才激励方案实操

——以某央企海外分公司人才激励咨询项目为例

客观地说，确实各个国家和地区，有着不同的文化土壤和宏观政策，过于统一和严格的管控恐怕难以充分结合地区优势，发挥自主权。“一抓就死、一放就乱”的魔咒，经常困扰着高层领导。

44

中小型民营企业人力资源国际化陷阱

人力资源国际化对于任何一个企业的 HR 来说都是一个机遇，机遇同时是风险。对于 HR 团队来说，我们首先要做的不是管理，而是修炼内功，毕竟双方的方向是一致的。

48

打破国际化组织的孤岛

“纽带”和“中枢”型人才、非正式组织、知识分享和管理过程这三种方法都能够形成组织协作合力，破解国际化组织间的孤岛难题。另外，通过一些组织制度，让人才的经验和技能能够更高效率地发挥，加强团队成员之间的沟通，也是提高成员积极性和组织动力的重要方法。

Contents

54

漂洋过海去“流浪”，异国他乡赶“流量”

过往十余年间，中国企业掀起了一轮又一轮“走出去”的热潮。总体而言，“走出去”的效果并不乐观，相较预期还有很大距离。来自世界银行的调查显示，中国企业海外投资项目1/3左右是失败的。究其主要缘由，反观企业内部，还是“人”这个第一变量没有跟上。

61

国际化进程中如何设计面向未来的人才流动安置方案

确保人才流动安置方案与组织的战略目标保持一致是至关重要的，这是使您的方案能够迎合未来需要的第一步，而这恰恰是许多企业所欠缺的。事实上，根据SIRVA的《2018年人才流动促进企业增长报告》，我们发现有超过37%的组织认为他们的人才流动安置服务配送模型完全或者明显偏离了组织目标。

66

面向“一带一路”数字经济发展的出海人力资源服务探索——优化人才布局，高效用工管理

当我们的企业随着“一带一路”走出去时，可能在多个国家都有布局，企业有成千上万的员工时，如何管理？如何更好地匹配员工与岗位？这时候运用数字化建立人力资源全球共享服务中心就显得尤为重要了，能帮助我们如何用好这些人才。

74

面向“一带一路”建设的国际工程项目施工管理人才胜任力结构研究

本文根据对某中央企业国际工程施工项目相关人员的调查反馈，进行了国际工程项目施工管理人才胜任力的构成要素和维度的实践性研究和分析，提出了国际工程项目施工管理人才胜任力是由基础性胜任力、国际化胜任力、发展胜任力三类组成的拱门形结构模型。

Contents

2 高端访谈 Top Talk

82

大道至简，实干为要

——中国铁建房地产集团有限公司党委书记、董事长吴仕岩专访

“做中国最具价值的美好生活服务商”——吴仕岩领导的中国铁建房地产集团有限公司作为前身是铁道兵、世界 500 强企业的中国铁建股份有限公司旗下的房地产平台公司，专注于房地产投资与开发，自诞生之初就与众多国有企业一样为我国经济社会发展和民生改善作出了卓著的贡献。

87

构建生长“未来人才”的生态

——沃尔玛中国高级副总裁方晓峰专访

沃尔玛把生意做到了全球 27 个国家和地区，全球员工超过 220 万名，它到底是如何运作的？它是怎么把握消费者最新需求的？在中国，面对新时代零售行业的剧烈变革，沃尔玛又是如何充分调动 10 万名员工的创造力，实现数字化和全渠道转型的？

93

管理是平衡的艺术

——蓝云CEO柯文达专访

柯文达讲求平衡、适度与“无为”的管理艺术，既为蓝云奠定了雄厚的人才实力和技术实力，积蓄了向未来搏击的“硬实力”，也为蓝云奠定了自由、开放、平等的高技术云服务企业管理底色，具备了更加包容和融合的“软实力”。

97

人才驱动业务，创新领跑产业

——旅悦集团人力资源副总裁成锴专访

作为新兴的“互联网 +”行业，旅悦在很多方面都没有可以直接借鉴的行业经验，只能自己开山辟路，摸着石头过河。一方面，这是挑战；另一方面，这也给了旅悦更大的空间。

3 前瞻研究 Prospective Study

103

人才地理和人才生态

人才地理学是以地域为单位，研究地区环境与人才发展之间的关系；人才生态虽然也有时间和地域的范围，但其更多讨论该时空内人才群体结构以及人才与环境之间的关系。人才地理强调地区，而人才生态则强调人才群体的结构和状况。

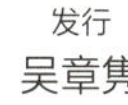

发行
吴章隽

投稿邮箱
cho@zhaopin.com.cn

订阅电话
010-58692828-68168

International Talent Management

1 国际化人才管理

具备国际化视野和国际化治理能力的人才资源，是企业国际化经营所需的核心能力

张浩辰 | 联想集团整体薪酬福利和全球人才派遣部总监
南开大学经济学博士

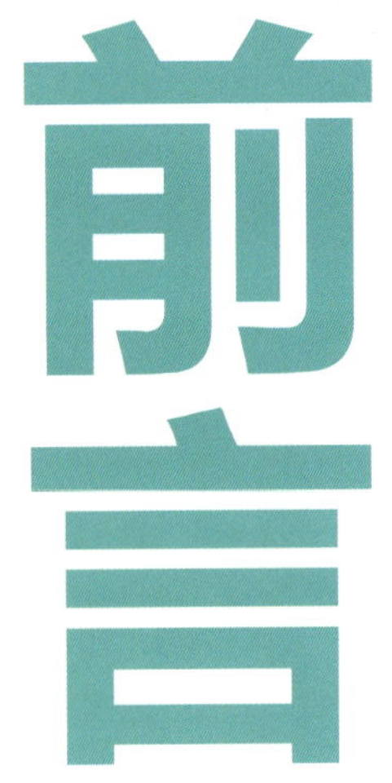

前言

改革开放四十多年来，
中国市场在经历了
打开国门迎接欧洲及美国、日本
等外资企业来华经营的
“请进来”阶段之后，
当下更强劲的趋势则是
中国企业“走出去”

从国有企业到民营企业，从传统产业到新型产业，从劳动密集型到智力密集型，越来越多元的中国企业开始了国际化经营的征程，在国际舞台上构建包括市场、技术、品牌、人才等众多经营要素在内的价值链体系。

根据联合国贸易和发展会议（UNCTAD）所发布的《2019年世界投资报告》，2018年中国成为全球第二大对外直接投资国，对外投资额为1300亿美元；从企业经营的微观层面看，中国企业的国际化发展快速提升，根据美国《财富》杂志发布的2019年世界500强榜单显示，中国企业进入世界500强的数量首次超过美国，排名全球第一。由此可见，中国企业在一些行业和领域已经初步具备国际竞争力，但是，在许多领域与全球领先的跨国公司相比依然存在较大的差距。中国企业的出海，将面临诸如战略、宏观环境、跨文化冲突、合规管理和企业品牌建设等众多方面的挑战，其中国际化人才管理是企业国际化经营的首要制约因素。具备国际化视野和国际化治理能力的人才资源，是企业国际化经营所需的核心能力。

本专辑聚焦中国企业“走出去”国际化经营过程中的人才管理，希望总结来自企业实践的经验或教训，并提出具有可操作性的思路或方案，助力中国企业的国际化经营。众多的理论和实践专家，对企业的国际化经营和国际化人才管理展开了深入探讨，包括国际化人力资源治理模式、国际化人才战略、国际化人才能力模型、跨境人才流动管理（合规、税务、签证、薪酬、福利、运营模式等）、跨文化冲突管理和国际化组织建设等。

本专辑收录的文章，针对不同的企业群体，比如中小企业、大型央企、“一带一路”企业等，研究内容既有来自顾问公司的方法论和体系建设，也有来自“出海”企业的实际案例总结。如此全面且深入的专业探讨具有很强的现实指导意义，相信来自不同行业、不同性质、不同发展阶段等背景的国际化企业管理人员，都能在这些文章中引发共鸣。

张浩辰

2020年6月10日

INTRODUCTION

中国企业“走出去”的国际化经营和跨境流动人才管理的挑战

“走出去”和国际化，使得中国企业已经成为国际经济舞台上最为重要的力量之一，且正在经历从初级阶段到中高级阶段过渡

张浩辰 | 联想集团整体薪酬福利和全球人才派遣部总监
南开大学经济学博士

关于企业的国际化经营，不易给出一个公认的定义，但是其基本特征很明确，即企业的经营活动涉及两个以上的国家或者市场，企业的资源转化如**商品、劳务、资本、技术**和**人力资源**等经营活动超越国界

一般而言，
企业的国际化经营可以根据其跨国经营活动的不同而分为若干阶段，

如跨国贸易

企业开始出口产业和服务，设立境外的生产和交付中心，
但是产品、服务、流程和战略均在总部完成开发。

国际化经营

为了更高效地响应当地市场而加大东道国运营，
组织和功能开始分散到东道国，
一些符合当地市场的知识开发在东道国完成并应用于东道国，
本土所需人才开始在
东道国招募，
核心高管主要由总部派遣，
重要的战略由总部完成。

全球化经营

企业开始将全球视为单一市场，
产品甚少或者没有国家的差异化，
战略、思想和流程等
在总部完成开发并在世界各地执行。

无国界经营

这个阶段企业的产品和服务交付更加分散且相互关联，
一些分支结构变成特定领域的专家，
战略开始在全球范围内完成开发，
创新和最佳实践在国家之间更为自由交换。

从价值链管理的理论看，企业国际化的初级阶段，比如上述跨国贸易和国际化经营，通常为资源寻求型和资产寻求型国际化。资源寻求包括对自然资源和市场资源的寻求，资产寻求指通过国际化获取战略资产，维持和提升竞争力。比如通过新建或者收购进行对外直接投资，扩大原有产品量或者实现产品多元化等。企业国际化的中高级阶段，比如全球化经营和无国界经营，可以界定为价值链优化型和全产业链驱动型国际化。

价值链优化阶段，企业通过全球化进行价值链提升和扩张，获取技术、吸引人才、开拓市场、提升品牌价值等。全产业链驱动阶段，企业成为无国界经营的全球性企业，资源、产业链布局以全球为舞台，战略、运营和文化全球化。

“走出去”国际化使得中国企业已经成为国际经济舞台上最为重要的力量之一，且正在经历从初级阶段到中高级阶段过渡。

比如从产业链的低附加值向高附加值转型；从劳动密集型向智力密集型转型；从能源、矿产传统产业向科技、金融、体育等多元市场转型；从以国有企业为主向多元市场主体转型等。

2019 年 9 月 12 日，商务部、国家统计局和国家外汇管理局联合发布的《2018 年度中国对外直接投资统计公报》显示，2018 年中国对外直接投资流量和存量稳居全球前三位，投资覆盖全球 188 个国家和地区，投资行业分布广泛，门类齐全，地方企业对外直接投资逆势上扬，非公经济控股主体对外投资占比提升。

报告尤其提出，境外企业对东道国税收和就业贡献明显，对外投资双赢效果显著。2018 年我国在境外的企业雇佣外方员工 187.7 万人，占境外企业员工总数的一半以上，较上年年末增加 16.7 万人。

从统计数据可以看出，中国企业走向全球市场开始国际化经营，经过了近 40 年的发展，规模和水平都值得深入研究。以雇佣人数为例，2018 年境外本土雇员占境外企业员工总数的一半以上，达到 187.7 万人。

这个数据也意味着近 180 万人从中国外派至境外东道国工作，如果再加上境外不同国家之间的外派员工，整体外派员工的规模将更为庞大，复杂性也更高。如何高效管理如此庞大的跨境流动人才群体是一个巨大的挑战。

本文希望通过梳理中国企业国际化经营的阶段特征和特殊环境，总结其在国际化人才培养、人才的跨境流动管理等方面所面临的挑战，并尝试给出解决方案。

从规模上看，中国企业“走出去”的国际化进程中，跨境外派流动人才的规模走势大致可以分为三个阶段（见图 1）。

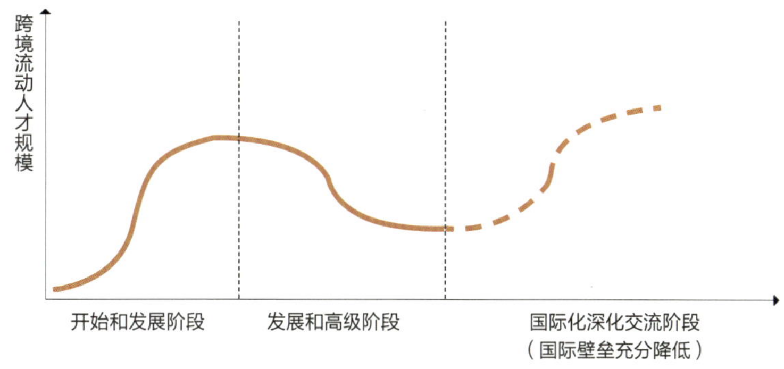

图1　企业国际化经营不同发展阶段的跨境流动人才规模趋势

第一是国际化的开始和发展阶段，本阶段跨境流动人才的数量规模会以较快速度增加。

比如，通过人员的外派，尤其是从总部到不同国家的外派，实现业务的快速拓展和高效管控，培养具备国际化视野的管理和技术人才，促成知识和经验从总部到区域国家的传递，以及管理经验和企业文化的传导，或开始尝试在劳动力供求不平衡的不同国家和市场之间配置劳动力资源等。

第二是国际化的发展和高级阶段，通常而言，这个阶段外派人员的规模会有调整性下降，主要原因如下。

首先，随着国际化的深入，企业在国际舞台上的管理能力和经验得以提升，总部和区域之间在管理、技术和文化上的整合得以加强，高效的远程管理可以部分替代人才的跨境需求。

其次，外派是成本较为高昂的管理途径，成本控制的需求会降低外派人才规模，这里的成本不仅是财务成本，也包括签证、税务等方面的合规成本，以及流程管理等带来的高昂时间成本等。

最后，东道国对于跨国企业逐步实现本土经营、本土纳税、本土招聘的政策导向。任何国家都不希望跨国企业在本国的经营是仅仅把本国视为销售市场，而是希望跨国企业贡献税收，带动本土就业，实现对本土产业和价值链的带动效应等。

这样的政策导向，推动跨国企业的经营管理在实现国际化的同时强化本土化，跨国企业的国际化和本土化经营如同一个硬币的两面不可分割。

第三是国际化深化交流阶段。包括人力资源在内的生产要素在不同国家之间流动的壁垒充分降低之后，可以预期，外派和跨国流动人才还是会呈现上升趋势。

原因在于，对于全产业链驱动的国际化企业而言，需要实现无国界经营，在全球范围内配置资源，实现跨国家之间劳动力供给和需求的平衡配置。

虽然，当下存在着逆全球化的推动力量，国家之间的贸易壁垒等有被强化的现象，但是可以肯定，在“地球村”实现更高等级的全球化，持续消除企业经营要素跨国家流动的壁垒，这样的大趋势因其可以带来更大的社会福祉而不会被根本逆转。

从属性上看，中国企业“走出去”的国际化过程，跨境外派流动人才的职责和治理结构会经历两个主要阶段（见图2）。

第一是国际化开始和发展阶段。跨境人才流动所带来的信息流和管理流主要以单向为主，即从中国总部流向不同的业务国家和市场，这个阶段的企业治理和价值链也以单维度为主线，企业的战略形成、研发和技术能力、流程管理等均在中国总部完成。跨境的人才流

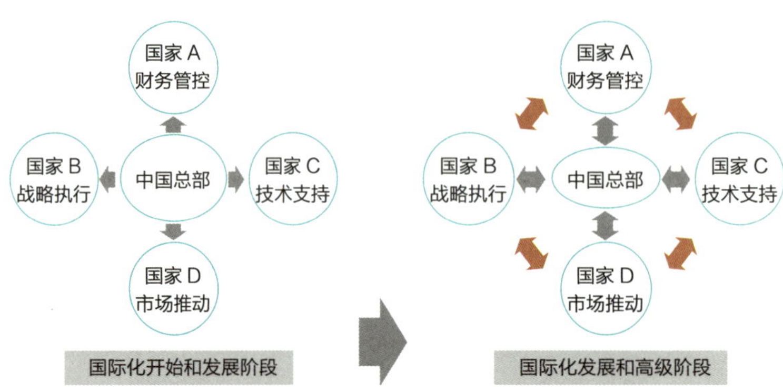

图2 企业国际化的不同发展阶段国际化流动人才的管理职责

动也主要是从总部到不同的东道国以执行总部的管理策略。

第二是国际化发展和高级阶段，企业在全产业链驱动的国际化阶段，逐渐实现无国界形成战略、配置资源和技术研发，所谓“中国总部和不同国家分部”的概念界限会更加模糊，管理、研发和生产职能的地理布局完全取决于成本和效率，人才的跨境流动、信息流、管理流等也会更加多维度。需要指出的是，从第一阶段到第二阶段的过渡，是企业管理和经营能力提升的极大表现，是一般企业到卓越企业的提升，当然所面临的挑战也是巨大的。

中国企业“走出去”的国际化经营，相比经验较为丰富的欧洲及美、日企业，将面临更多的挑战和困难。

波士顿咨询公司研究数据显示，以2014年为例，中国企业完成了154起海外并购交易，交易金额高达261亿美元，然而中国企业的海外并购交易完成率仅为67%，远低于欧洲及美国、日本等发达国家和地区企业的水平。

交易并购完成已属不易，但是交易并购的整合和后期运营难度更大。一般认为，中国企业国际化经营，主要面对包括战略定位不清晰、东道国投资经营环境不稳定、跨文化冲突、国际化人才匮乏等多方面挑战。

具备国际化视野和管理能力的人才不足，以及如何实现人才的高效跨国家流动则是本文讨论的重点。

本文尝试通过如下四个方面，更进一步论述“走出去”的中国企业在国际化人才管理、人才跨境流动管理等方面所面临的挑战及可能的解决之道。

构建驱动组织使命的国际化人才管理体系

1

中国企业的国际化，因其所处行业、战略目标、国际化路径、国际化发展阶段等差异，决定了企业国际化人才管理呈现不同的形态和模式。概括起来有三种主要的形态。

一是大型国有企业，经过若干年的发展它们在国内已经形成较为完备的人力资源和人才管理体系，这类企业在国际化的过程中通常采用母国向东道国输出的人才管理模式。

总部需要保持对海外部门的管控，同时不必过于担心员工的文化不适应和冲突。传统能源、工程、基建的国有企业较多采用此模式，他们的挑战是国内成形的体系如何很好地适应场景可能完全不同的东道国。

二是刚出海的民营企业，包括一些快速成长的互联网公司和科技公司等，这些企业的特点通常是业务开拓远远走在人力资源管理体系之前，即人力资源管理能力落后于业务需求，尤其在国际化的过程中这一矛盾将更为突出。

三是有着10~20年海外经营实践的中国企业，已经逐渐建立起全球化的人才体系，这类企业需要着眼于如何在全球范围内管理人才以高效驱动企业的全球价值链优化和布局。

构建驱动组织愿景和使命的人力资源、人才管理模式，在经历过早期的探索阶段后，逐渐从以母国输出走向母国和东道国兼容共创，这一过程的驱动因素包括海外业务战略地位、制度距离、文化差异和企业竞争能力等因素。

比如当企业的国际化经营达到一定阶段，形成自己的独特竞争能力，海外业务的战略地位提升，在各国经营的业务更为多元和分散，东道国和母国之间的文化差异更大且制度距离更远，则客观上需要构建兼容共创的人才管理体系。

卓越的人力资源管理体系可以驱动公司愿景、价值观和业务战略，在操作上也需要达成若干矛盾的平衡。

首先是协调与控制的平衡，既保持总公司对海外企业的管控，又能协调海外企业在当地与内外部环境因素的相互关系，达成跨国家经营管理的内部一致性和当地响应性。

其次是弹性和灵活性的平衡，授权以及敏捷反应，快速应对海外环境的变化与挑战，达到总部和区域国家之间集权和分权的平衡。

最后是母国和东道国文化、制度、价值观差异的平衡。跨文化冲突会同时存在于企业对外经营和企业内部人员两个方面，影响管理难度、运营成本、管理决策执行和组织绩效等，企业在国际化经营中必须求同存异，努力消除文化冲突，形成企业公民均认同的文化和价值观范式。

打造高效的 国际化流动人才管理能力

2

打造高效的国际化人才流动管理能力，首要解决的问题是打造国际化人才流动端到端的管理能力，即围绕公司的业务战略和人才战略，以驱动组织使命为目的，设计政策体系并搭建运营平台，借此完成端到端的管理任务，以分析业务需求为起点，识别和筛选高潜外派人才，快速合规走完外派过程。

而且，外派的整个阶段要充分关注国际化人才的培养及考核以完成组织使命，回派管理需要系统的方法和长期规划以确保人尽其才，最后是对外派从组织使命和个人发展的角度完成复盘，以确保人才的跨境流动政策和运行可以匹配并驱动业务目标和组织使命，如此形成闭环（见图 3）。

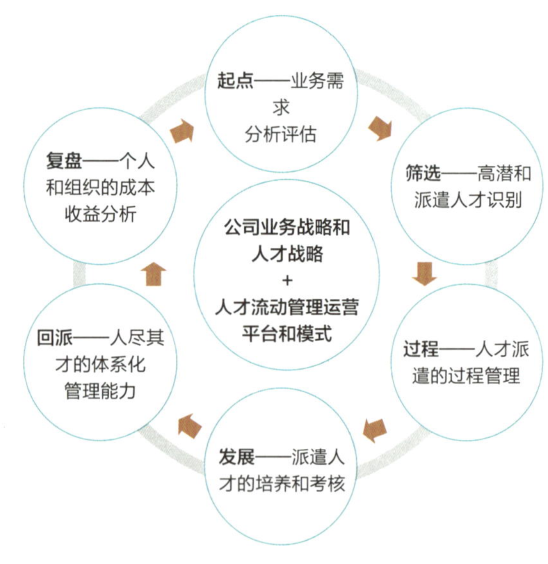

图3　端到端国际化流动人才管理

端到端的国际化人才流动管理模型，其优劣的判断标准可以参考如下几个方面。

首先，技术平台的应用是否便捷实现数据、流程追踪，外部服务商交付管理和内部职能部门无缝对接，以及优化客户体验。

其次，能否支持业务战略对跨境人才流动需求的高时效性和伸缩性要求，以最高的时间效率完成流程，可以根据业务需要快速扩大跨境流动人才的规模，也可以快速降低需求。

最后，成本效率，对于昂贵的人才跨境流动实现成本最优管控，比如优化管理服务提供商的服务成本、税务成本和人工成本等。

完善国际化人才流动和属地经营的合规管理体系

3

随着各国政府对合规管理的加强，国际合规管理体系日益严格，对于“走出去”经营的中国企业而言，合规的重要性如何强调都不为过。

境外合规管理和经营的能力堪称企业的核心竞争能力之一。无论是主观上认识不够而存在机会主义心态，还是客观上合规管理的能力欠缺，导致我们的企业有太多的教训和经验。

鉴于其重要性，2018 年 12 月，国家发改委联合外交部、商务部、人民银行、国资委、外汇局、全国工商联等印发了《企业境外经营合规管理指引》，为境外经营的中国企业提供合规管理的辅导和支持。

合规管理是一个复杂体系，涉及的方面非常多，诸如和人员相关的雇佣合同、工薪、社保、签证、个税等，和企业经营相关的企业税务、反腐、反恐、贸易条例、财务汇率等，以及和联合国、世贸组织、国际货币基金组织、世界银行、世界卫生组织等众多国际组织相关的规则约定等。

解决如此复杂的问题需要通过建设合规的管理体系，从理念上高度重视，从操作上界定职责规范程序，通过多职能部门，包括法务、财务、审计、纪检、人力等联合交叉的体系分工，以相对独立性的角色从战略层面管理企业的合规运营。

需要指出的是，要充分尊重和合理利用外部专业资源，包括律所、审计公司、顾问公司甚至政府机构和国际组织等，确保我们有能力做到前瞻性、体系性处理合规问题。

推动服务中国企业“走出去”的本土智库、咨询公司和服务提供商等市场中介组织的快速发展

4

观察当下中国企业“走出去”的生态环境，可以明显看到的是，服务和咨询体系中主流的提供商均为欧洲及美、日企业，无论是“四大”财务审计公司，领先的战略咨询和人力资源顾问公司，甚至是为员工提供医疗保障的保险公司，它们均伴随着欧洲及美、日企业国际化经营的步伐而同步成长，相互依赖相互成就。

反观中国本土的顾问公司、智库、服务提供商等，在境外的经营还处于起步阶段，还不足以为“走出去”的中国企业提供强有力支持。

当然，这既是挑战也是机遇，伴随着中国企业国际化的步伐加快，对专业服务需求数量和质量的提升，可以预期本土的顾问公司、智库、服务提供商等市场中介组织在境外的经营可能会迎来一个非常规的快速发展阶段。

高水平智库、顾问公司等发达市场中介和服务提供商对于国际化经营企业的重要性不言而喻。以日本为例，研究表明日本之所以国际化越做越好，很大原因在于它们有半官方性质的亚洲经济研究所，给日本中小型企业提供相对便宜的海外资讯。

另外，还有综合商社等专门服务于中小企业走出去的商业性机构。日本企业的国际化经营，比如来华经营的日企，和三井银行在财务和融资上合作，和日本生命在商业保险商合作，上下游价值链的配套上，更是首选资本的合作伙伴等，依然形成了完备的、有一定独特性的产业生态环境。

在这方面，中国暂未出现较权威的指导性机构和专业组织，中小型企业“走出去”主要依靠自己或寻找第三方咨询机构，获取信息的质量水平难以保证且获取费用较高。对于如何提供更好的公共服务，特别是信息服务和咨询服务，以便让企业在决策时有更多的依据，这是未来中国政府在推动企业全球化亟须解决的新挑战。

小结

中国企业“走出去”的国际化经营是当下最为强劲的趋势之一，且在价值链的优化和布局上日渐提升。

这其中，国际化跨境流动人才规模上不断扩大、属性上日渐复杂，无疑对于管理能力提出了新的挑战和要求。我们的企业要探索国际化人才管理体系，提高人才跨境流动的高效运营能力，驱动组织使命、业务目标和人才战略的达成。

INTERNATIONAL

MANAGEMENT

浅议中国企业走向全球和国际人才管理

中国正在对过去的经济模式进行重大调整

Meng Ziang Chy | 出生并成长于瑞士，曾就读于苏黎世联邦理工学院，攻读电气工程和信息技术专业，精通英语、德语、中文和法语四门语言

Meng Ziang 于 2018 年加入 Graebel，担任亚太地区业务发展总监，负责公司亚太区和全球团队的发展和支持。他在中国的全球人才流动领域拥有超过十年的销售和市场营销经验，为国际企业向中国外派人才以及中国公司向海外派遣人才提供多年专业支持

在全球流动性行业中，他可谓是备受推崇具有先进理念及国际视野的标杆型人才

邮件地址：mengziang.chy@graebel.com

背景

1978 年中共中央第十一届三中全会做出了改革开放的历史性决策。在过去四十多年里，中国的经济发展成效显著，国内生产总值 (GDP) 以超过 9% 的年平均增长率高速增长。如今，中国已经成为仅次于美国的第二大经济体。

在对外开放政策的引导下，对外贸易和投资得到推动。在 1978 年之前，中国几乎不存在私营企业，而如今，这些私营企业的贡献占中国 GDP 的 60% 左右。从 20 世纪 90 年代初期开始，中国的贸易和投资改革及激励措施促使外国直接投资 (FDI) 激增。这些资金流一直都是中国生产力发展以及经济和贸易快速增长的主要来源。截至 2010 年，在中国注册的外商投资企业达 445244 家，雇佣的员工人数超过 5520 万。20 世纪 80 年代，在中国大陆工作的外籍人士仅约 10000 人，而如今已经超过 900000 人。在过去二十年的时间里，中国的人才挑战是寻求足够合格的管理人才来紧跟经济增长的步伐。因此，许多跨国公司将他们的人才从国外输送到中国。全球流动性计划主要由西方企业推行，而中国是外派人员的接收国，因此向其他国家或地区输送中方外派人员的经验相对有限，是一个比较新兴的产业。

时至今日，中国的全球流动性动态已经发生巨大的转变。中国正在对过去的经济模式进行重大调整。虽然以前不惜一切代价实现快速经济增长的政策基本上成功，但也

付出了代价（如环境严重污染、行业产能过剩等），因此旧的增长模式不再可持续。中国已在寻求培养一种新的增长模式（“新常态”），以促进可持续性的经济增长，并且更加强调将个人消费与创新作为中国经济的新动力。全新构想的“走向全球政策”反映了对全球领导力的渴望，从投资转向创新驱动型经济，如“中国制造 2025”“一带一路”倡议等，针对许多特定行业的计划旨在创建一个由科技、创新、服务和消费组成的新经济。这些举措将大大促进中国经济发展，有助于获得更丰厚的外汇储备回报，为中国企业创造新的海外商机，以及为目前产能过剩的行业开辟新市场。

当今中国，全球流动性为何变得如此重要

中国的人才战争已经转型并持续演化。本土企业在人才开发方面已经有所改善，为中国人才提供比西方企业更大的影响力和更多的职业发展机会。

有鉴于此，企业的全球流动性计划变得异常重要，是吸引国内外人才并促进业务增长的杠杆之一。全球流动性可以吸引杰出人才，提高内部满意度，帮助人才职业发展规划，并在公司的各个角落强化企业形象，还能优化雇主品牌。此外，流动性也是保留优秀人才的重要工具（见图 1）。

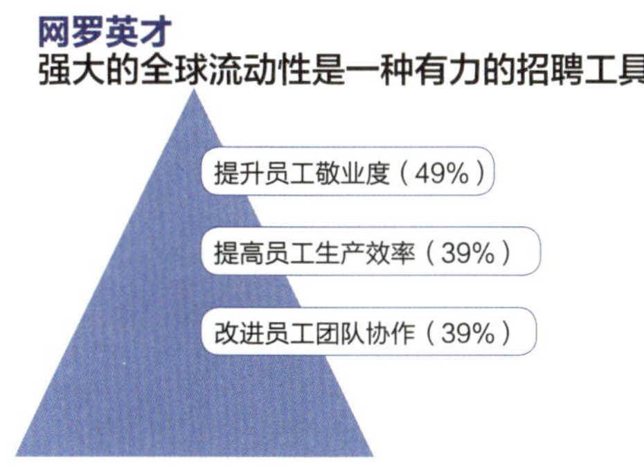

图1 Graebel2018年全球流动性峰会调查（欧洲、中东和非洲、美洲和亚太地区）

中国的人才市场在很大程度上是以候选人为驱动的市场，在这个市场中，人力资源专业人员需要全力以赴地寻找并保留企业所需的人才。才华横溢的人才更愿意走向国际，他们对于企业无论硬件或者软件都很挑剔。如今，全球流动性被优秀员工视为职业生涯进化的必备阶梯。过去，员工愿意外派可能只是为了赚更多的钱，但现在，他们对未来事业规划变得越来越有主见，也越来越有计划。品牌、战略和整体员工福利对于谋求职业发展且才华横溢的员工非常重要，这就是精心制订全球流动性战略和计划的重要性。根据最近两三年的趋势，中国企业正在以更快的速度和更大的力度开拓海外市场。每当企业进入国外管辖区并将员工调离其家庭所在住地时，就必须审视、研究、分析和记录一系列相关的普遍因素，由于每个细节都环环相扣，所以这一过程会变得越发的复杂。

如图 2“全球流动性的演变”所示，您会发现大多数中国企业仍处于流动性之旅的开始阶段，虽然许多中国企业已经在海外迅速扩张，但尚未深入实施战略解决方案，也尚未组建全球流动性团队来照顾其流动员工，甚至还没有制订明确的全球流动性战略或政策。

那什么是“全球流动性”呢？这如何适用于您在中国的企业？ 实际上，企业可以通过一系列场景来判定外派类型，例如：

1. 永久调动到海外
2. 长期任务或借调（通常定义为持续时间超过 12 个月）
3. 短期任务或借调（通常定义为持续时间少于 12 个月）
4. 商务旅行者
5. 通勤者（居住在一个国家 / 地区但在另一个国家 / 地区工作的员工）

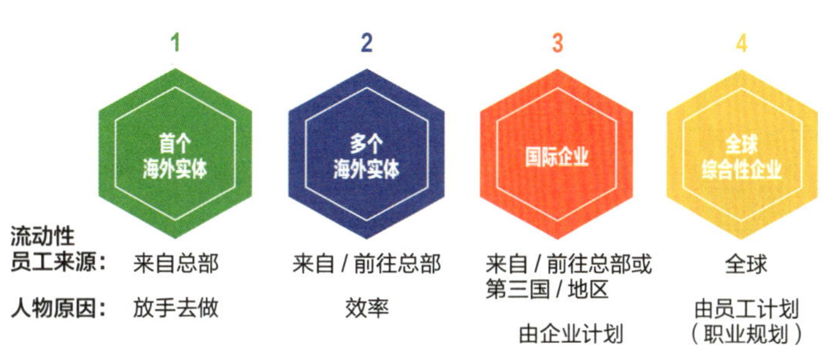

图2 全球流动性的演变

流动性不容忽视

流动性涉及公司各个方面的运营。思考从流动性层面做出的决定如何影响下列举措。

#1 人才获取

据 Wakefield Research 近期为 Graebel 进行的调查显示，高达 84% 的千禧一代希望调动到其他地方工作，而 82% 的千禧一代认为这对于职业发展确有必要。您的计划会增强还是降低这些期望？

#2 人才保留

战略性的全球流动性计划不仅可以减轻在国外工作人员的负担，同时也可以减轻幕后工作人员的负担。构思精巧的全球流动性计划可以为您的优秀员工指明前进之路。

#3 企业品牌建设

您的全球流动性计划是全公司瞩目的焦点，同时也是公司品牌的延伸。客户、潜在客户和员工（尤其是新员工）对它的具体看法将对业绩增长产生长久的影响。

#4 合规问题

世界各地的法规和要求时刻都在变化。您必须做好充分的准备，并且具备足够的敏捷性来应对和适应这些变化。简言之，您必须时刻准备着应对这个世界发生的一切。

#5 生产效率

今天的奏效之法可能会成为明天的成功阻碍。确定流动性和其他公司角色之间的知识差距可以帮助您预测改进的方面，同时调整您的战略以提升生产效率。

#6 提升回报

工作人员流动性不应被视为“沉没成本”。通过合理的全球流动性计划投资于才华横溢的员工，让您牢牢把握大有裨益的新机会。

为了满足海外新兴业务的需求，必须使全球流动性战略与您的业务和人才发展目标保持一致，重要的是制订适合企业自身的全球流动性战略，因为可以通过它采取更缜密的方法来计划和管理国际业务，从而提升全球流动性的价值。无论流动劳动力的性质和流动员工的人数或全球地域分布，在全球范围内实现并维持雇佣税合规性只是流动性战略的基础。

全球流动性战略的制订

全球流动性战略应与您的公司战略、使命、愿景和文化价值观联系在一起并定期对整体计划战略审核。为此，需要制订合理的流动性战略，阐明该计划的业务和人才管理目标，然后根据每次任务预计产生的价值来量身定制和调整公司在每个任务中的投资。此外，公司应寻找机会将其全球流动性的执行与人力资源或人才基础架构相整合。这会促成一项全球流动性计划的制订，它可以更好地支持战略资产的业务，而不仅仅是对个人需求做出反应。该计划可以提供经济高效、合规、一致且相对易于使用、管理和执行的高质量服务（见图 3）。

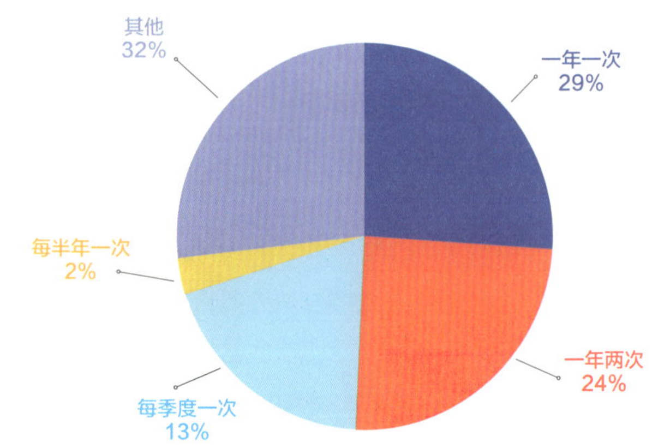

图3 Graebel2018年全球流动性峰会调查（欧洲、中东和非洲、美洲和亚太地区）

全球流动性成功的关键在于做好基础工作。根据 Graebel《财富》"500 强"和"全球 1000 强"服务的全球流动性管理咨询公司的建议，以下两步可作为外派的指导步骤：

第一步：战略——为成功奠定坚实的基础

第一步涉及四个基本组成部分和行动计划：进行评估、确定关键驱动因素、制订使命宣言和制订战略。

1. 进行评估

> **51%**
> 的流动性专业人员觉得难以得到利益相关者的关注

一些外派专员专注于日常挑战；一些专员专注于制订政策；一些专员做好了各种准备和措施……他们所有人都有一个共同的使命：让流动性为他们的企业创造价值。其中最有效的是首先找到整体性的视角，并可以回答诸如这样的问题：您的企业内部如何看待流动性？如何使它与企业使命相符？

2. 确定关键驱动因素

流动性是永无止境和不可预测的。但我们应该对此抱以一种更积极的看法。内部和外部力量总是会影响您的企业，而成败则取决于您对这两种力量的权衡。

而这就是我们的入手点。

首先在于对关键驱动因素进行精确考量。把它们记录下来，理解其存在的原因，这往往会揭示可采取重要举措的战略杠杆。也许是企业扩张、总部搬迁、人才发展或风险管理，这些都是在更大范围内证明流动性存在的价值。

3. 制订使命宣言

> **42%**
> 的流动性部门没有明确的使命宣言

是时候将各部分整合起来，开始构建一份全方位的流动性使命宣言，以在整个公司战略的背景下体现流动性的目标为方向，着手定义并推动成功的举措。

使命宣言不仅要制订明确的目标，更重要的是如何将之实现。

使命宣言范例：

从事务性转变为战略性是主要目标之一。最有力、最可行的战略使命宣言是多方面的，可以在有力的政策与灵活性之间获取平衡（见图 4）。

图4 使命宣言范例

《财富》"500 强"公司制订的以战略为重点的流动性使命宣言的其他示例：

1. 在提升家庭搬迁体验的同时，通过行业领先的技术和第三方支持注重成本效益和全球一致性
2. 以尽可能高效和最顺利的方式为外派的员工提供外派服务和流程
3. 在外派服务计划内保持一致性的同时，满足外派员工的需求 — 通过持续监督项目的异常案例进行必要的政策优化

示例使用 Graebel 流动性战略工具部分列表，帮助启发注意事项和主题来协助制订计划并完成任务：

使命优先事项

我们的使命是 ＿＿＿＿＿＿

- 与业务部门保持一致
- 增加成本管理举措
- 支持人才目标
- 提升外派人员的体验
- 合适的人才、合适的地点、合适的时间

我们将通过 ＿＿＿＿＿＿ 实现使命

- 设计流动性政策和程序
- 进行成本预估准备
- 寻找更快捷、更灵活的方法来应对我们的流动性议案
- 与其他业务部门保持一致
- 得到利益相关者和世界级供应商的支持

4. 制订战略

如果您已成功满足前三步，那您可以开始着手行动起来了。可能您已经在构思新的策略、重新关注指标、拓展资源和供应商，思考您的企业如何从这种行之有效的方法中受益。

流动性战略机遇

近期与流动性专家进行的研讨会指出了您可能需要为您未来的流动性计划考虑的一些关键领域

人才驱动力：

49%

的流动性计划没有在填补公司劳动力空缺的正式劳动力规划举措中发挥作用。流动性有助于构建新一代领导力

增长助推力：

64%

的流动性专业人员表示他们的公司没有相应的方法来筛选最合适的外派人选。这可能限制公司的发展

千禧一代倡议：

90%

的流动性专业人员目前没有调动专业临时工作人员的计划与劳动力趋势相关的机会

以下几条妙招或许能为您帮上忙：

❶ 实现品牌价值提升

哪三个词语描述了您如今在公司内的流动性职能？您希望未来如何描述？

❷ 协作造就行动

制订流动性宣言和支持策略，公司中的哪些利益相关者将从中受益？请利用您在团队的影响力，邀请他们参加工作会议以做出贡献并建立共识。

❸ 知道自己前进的方向

要利用“流动性使命宣言”实现的最重要的目标是什么？知道这一点将有助于您做好准备，包括可能需要的咨询建议和数据理论。

❹ 时刻关注您的使命

时刻密切关注任何有关于“流动性使命宣言”的战略。

但如果您觉得这一切看起来太复杂，请放心，Graebel 通常只需一个下午的会谈就可以帮助您完成第一步全球流动性战略的制订。

第二步：利益相关者 —— 利用您的人才资源

第二步涉及四个关键点：确定利益相关者、细分利益相关者、创造双赢局面以及与利益相关者沟通。

1. 确定利益相关者

确定利益相关者，并获得他们的支持。对于您如何帮助并达成他们的期望，以及外派计划最终是否成功和启动新的流动性任务至关重要。您将激励您的利益相关者与您共同完成使命。

关键利益相关者

流动性团队	高级人力资源领导
人力资源业务合作伙伴	人员配置 / 招聘
采购	商务出差
工资派发	风险 / 合规性
薪酬 / 福利	财务
移民	税收
外派人员	商务经理

您要自己找到方法，将那些牵涉企业战略计划并对您的流动性任务至关重要的人员联系起来，比如领导力发展和人才管理方面的利益相关者。他们将成为您的盟友，您必须从一开始就让他们参与进来。您工作的成功将取决于您对他们需求的了解程度。

2. 细分利益相关者

在确定将流动性和公司战略联系起来的利益相关者群体之后，就可以对其进行细分。您会发现这些利益相关者在企业的影响力、参与度或热情都不相同。尽管所有利益相关者都很重要，但您需要特别注意能对流动性起决定性影响和感兴趣的人员。有些人可能职位较高，但他们对流动性不太关注，而另一些人在企业中的职位可能较低，却是保障您成功的“关键守门人”（图 5 中可把他们细分为四类：“保持知情”——级别较低，兴趣少；“双向沟通”——级别较低但对全球流动性很感兴趣；“保持开心”——级别很高，但没有太多兴趣或时间；“密切管理”——职位高且对全球流动性非常感兴趣。）有效地归类细分您的利益相关者，把他们联系在一起会让您工作开展得更加顺利；满足他们的需求，同时确保合理的互动合作。

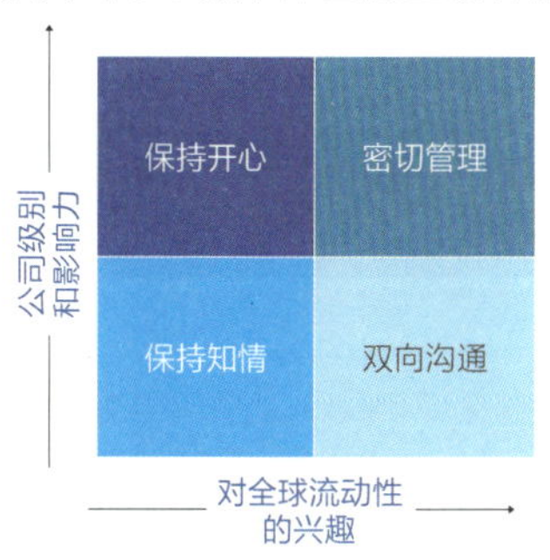

图5 保障全球流动性计划成功的“关键守门人”

3. 创造双赢局面

对您和您的利益相关者而言，何谓双赢？也许是对流动性有十足的信心，让他们有更多时间和精力专注于他们自己的计划；也许是流动性的积极影响而获得了领导层的更多支持。如何鉴定找出双赢局面是相当重要的。

建议如下：

下面是通过利益相关者的参与从而确保更大成功的几个注意事项。

- 及早并频繁地沟通
- 提出正确的问题以获取有用的信息和想法
- 制订计划
- 做有助于改善人际关系的事情
- 就判定成功的具体准则达成共识（合作）
- 寻找妥协方案

4. 与利益相关者沟通

不得不提的是：明确我们希望利益相关者做什么？什么能够真正提升流动性和他们的兴趣？您将如何与他们沟通、让他们随时了解动向？作为他们的沟通渠道，您将如何引导他们的热情并激发他们的兴趣？

以下是您与利益相关者合作时需要考虑的几点事项：

1. 您的流动性品牌将会产生影响

一旦您的流动性任务开始，这对公司意味着什么？事情会有何不同？在制订利益相关者参与计划时，请牢记这一点。

2. 齐心协力能带来大改观

根据您的“流动性任务宣言”，公司内谁会受到最大影响？他们不一定是那些一开始就对您的行动最感兴趣的人。

3. 针对不同的利益相关者运用不同的沟通方式

为了让利益相关者参与，您会使用什么沟通工具？电子邮件？流动性仪表板？企业时事通信？按照重要性以及影响利益相关者的能力对其进行排序。

每个成功的全球流动性计划背后都有一个精心策划的全球流动性政策。为企业制订一项能够快速变化和扩张齐头并进的全球流动性政策需要一定的时间以及认真地分析。要制订一项政策能精益实践和企业整体文化相结合，同时保持该外派计划的竞争力和市场响应能力，并将流动性与人才管理和奖励策略联系起来，这并非易事。

Graebel 建议从简单、易于管理的策略着手，便于企业内的利益相关者理解和应用。

制定全球流动性具体政策时需要考虑的细节表

外派持续时间的定义	员工资格	移民（签证／工作许可证）	差旅政策	税收平衡	税务咨询／纳税申报表准备
体检／预防接种	外派前勘察／寻找房屋之旅	母国财产的出售／管理	租约取消	租约协助	车辆销售损失
目的地服务	临时居住	最终搬迁	家庭用品航空运输	家庭用品地面运输	家庭用品评估保险额
家庭用品存放	宠物运输	其他支出津贴	商品和服务差额或生活费用津贴／每天	住房津贴	住房规范
家具／电器津贴	涉外服务／流动性附加费	困难／危险津贴	东道国交通	节假日	探亲假旅行
事假申请	休息和放松旅行	教育援助	无陪同儿童探访	配偶／伙伴援助	跨文化培训
语言培训	回派	健康和福利计划	社会保障	紧急疏散	工薪

全球流动性的未来

越来越多的公司强调有在其他国家或地区工作经历的全球劳动力的重要性，人才管理和流动性学科之间的联系不断增长。通过非正式的加强协作，或者在流动性计划中建立人才管理职能这种更正式的方式，公司认识到通过结构化的政策与计划来选择和支持其全球流动员工的重要性。

随着规律性的提高，外派管理部门正在建立人才管理卓越中心 (COE)，致力于开发、维护和完善并参与公司的外派人才选拔流程。随着流动性和人才需求的增加，对于中国企业外派部门而言建立人才管理卓越中心是最推荐的方案。

对于流动性管理专员而言，最紧迫的问题是接下来会发生什么。最近的事态发展不仅威胁着我们对流动性的了解，还可能改变整个经济和市场状况。无论是拟制的美国移民行政命令、欧盟的未来、未来潜在的经济危机、政治转变的不确定，还是其他诸多未知因素，您和您人力资源团队的工作都会受到各种复杂情况的影响。合规性和税收规定可能会一夜之间发生变化。

这一切快速的变化必定会影响您和您的外派服务计划，您需要有预见性，尽可能小幅度调整您的计划，但在某几个“普遍问题”上着重关注和改善会给您的工作带来很大帮助。

适应代沟。随着时间流逝，工作环境正在夜以继日地变化。更确切地说，这种变化每天都在发生。即使每天都有成千上万的“婴儿潮一代”面临退休，但更多的是选择将其职业生涯再延长几年。与此同时，约占人口 25% 的“Z 时代”正在步入社会，开始工作。如今的职场可谓“四世同堂”。每个时代都有自己的外派偏好，而这些偏好令您理解每个时代外派人员变得复杂，为您的流动性战略带来更复杂的局面。

与不断演化的劳动力一起工作。随着“千禧一代”成为劳动大军的主力，他们对战略和计划的影响也逐步扩大。传统的商业氛围在很大程度上由“婴儿潮一代”一手创建，但如今信息社会把工作变得更加轻松和快捷。物联网 (IoT) 允许员工随时随地分享自己的想法。在许多方面，如今的年轻员工相比之前的时代，他们更愿意去其他地方工作（见图 6）。

婴儿潮一代（1946—1965 年）

特点：经验丰富、效率高；“工作狂”；最不适应变化
流动性任务：在国外机会有限；许多人都有成年子女；空巢老人在全球开展工作的趋势日增

X 时代（1966—1979 年）

特点：负责创收；获得尊重 / 忠诚，并不意外；将近 2/3 的人管理其他人的工作；具有创业精神
流动性任务：相比任何其他时代，更渴望工作和生活的平衡；家庭和房屋所有权使海外驻派变得复杂

千禧一代（1980—1996 年）

特点：预计到 2025 年在劳动力中的占比高达 75%；具有协作精神；最可能更换工作；依赖科技
流动性任务：期待调动以实现职业晋升；寻求职业发展；新的机遇；冒险

Z 时代（1997 年—）

特点：大部分都是新手；准备接受导师指导；不太喜欢快节奏的工作环境；极具创业精神
流动性任务：限制很少，但相对其他时代缺乏经验

图6　不同时期劳动力特点

快速适应市场变化。只有快速适应才是企业生存的王道；只有迅速出击才能抓住新的机遇。而更重要的是，在整个过程中使用速度和敏捷性进行必要的调整，以便您可以在竞争之前适应市场变化。您需要在几周、几天，甚至几小时内响应瞬息万变的市场。但若您在这样的情况下没有一个集权外派管理战略，这无疑会把自己放在一个非常被动的位置。筛选出对自身合适的信息无疑是在做重大决定时的关键因素。这就是为何要利用您丰富的知识来编写准确的数据和反馈的原因。

Graebel 在中国和其他全球市场的流动性经验为 Graebel 的顾问服务提供了战术和战略上的专业知识，可帮助公司提升更精益的流动性计划和政策。预测变化和挑战，同时制订可以随着市场和业务需求发展的流动性计划是至关重要的。而好消息是，对于那些寻求更多支持和指导的跨国公司，可以与比如 Graebel 这样的流动性服务供商联系，以解决企业在招聘、保留和安顿人才方面日益增长的需求。

中国企业“走出去”人才管理三大困局和破局之策

王玉珏 | 美世中国咨询总监

“致天下之治者在人才。”谁能培养和吸引更多优秀人才，谁就能在竞争中占据优势

全球化人才在哪里

超过四成的美世调研参与企业表示，“未能选拔合适的全球化人才”是企业人才国际派遣不成功的最主要原因之一。

很多中国企业“出海”的第一道难题，就是无人可用、无人可派。全球化人才的稀缺性，使得企业在人才获取和人才选拔上面临更大的竞争和挑战。

以吉利集团为例，吉利早在2010年收购了沃尔沃汽车，2017年收购宝腾控股49.9%的股份以及英国豪华跑车品牌路特斯集团51%的股份，吉利董事长李书福表示，2020年，吉利销量将达到300万辆，进入全球汽车行业前十强。

为了高度配合业务发展的现状，满足今后对海外市场的规模期望，近几年吉利全球流动人才会出现井喷式的增长。吉利想要走国际化发展道路，就必须要重视国际化人才的招揽和培养。

为此，吉利的人力资源和国际派遣团队也对其海外派遣和海外当地招聘设立了一系列的规范和流程。

从吉利海外人才的布局来看，海外派遣员工数量呈增长趋势。2016年吉利在全球范围内的海外派遣员工约120人，到2017年已增长至约200人，主要分布在瑞典、白俄罗斯、古巴和埃及，外派人才类型以培训交流为目的的工程类及研发类人员，以及为推进项目进程的项目管理人员或管理经验输出的战略性管理人员为主。

对于中国员工海外派遣，吉利确立了人才选拔的标准，并做了多方面的准备和筹划。

年度派遣计划：经由业务部门审批年度派遣计划和预算；

面试评估表：国际派遣团队制订并完善《面试评估表》，明确面试过程中需要评估和考量的方面，如抗压性、适应能力、自理能力、思想开阔度等个性特征和软技能；

第三方评估：邀请外部第三方来组织测试语言能力，尤其是口语能力。

具体来看，在年度派遣计划范围内，业务部门发起外派需求后，会在部门内筛选合适的候选人，在目前国际化人才仍然稀缺的情况下，选拔标准以业务能力为主导。

业务部门负责人筛选出绩效达标的候选人之后，依据《面试评估表》，由业务部门的 HRBP 参与面试，综合考核候选人的跨区域工作能力，业务部门 HR 审批通过之后，由国际派遣团队协助完成派遣安排。

另外，在招聘海外当地员工时，吉利会与当地人才机构和海外猎头共同合作，并综合考虑以下因素：

1. 当地合规性要求，比如外派员工和当地雇员占比限制；
2. 当地政府的相关雇佣优惠政策；
3. 海外当地的人才优势，例如吉利的欧洲研发中心设在瑞典这样一个“创新之国”，会更多考虑在当地招聘一些研发类岗位；
4. 海外市场品牌建立的需要。

目前向全球扩张的吉利正处于求贤若渴的阶段，基于此，吉利打造了一系列的人才培养项目，建立“人才森林”，一方面吸引有丰富汽车行业经验的“大树”，另一方面也加快培养内部具有国际化人才素养的“小树”。

习近平主席在主持二十国集团领导人集团峰会和全球治理体系变革进行三十五次集体学习中就曾提出——参与全球治理需要一大批熟悉党和国家方针政策、了解我国国情、具有全球视野、熟练运用外语、通晓国际规则、精通国际谈判的专业人才。

在人才选拔上要有全球视野，构建具有全球竞争力的人才制度体系，不断提高企业在全球配置人才资源能力。

海外用工合规和跨文化管理

美世调研显示，分别有 44% 和 39% 的企业认为“文化差异较大”和“对海外当地法律法规缺乏了解”较大程度上阻碍企业在海外当地雇佣人才。

京东集团就曾表示，对海外国家的了解程度直接决定了海外人力资源管理的困难程度——需要对海外当地劳动法规、人才的获取渠道、聘用方式等做充分地了解和准备，不能盲目进行市场对标，而应充分考虑公司自身的发展阶段与业务重点，慎之又慎，量力而行。

某大型石油央企的实践就充分体现了上述提到的人力资源合规化的考量。石油行业是全球范围内人才跨境流动最为频繁的行业之一。

本案例提及的大型央企下属某石油公司运营和管理各类上游海外项目（含对外合作项目），主要集中在油气项目的勘探、开发和生产，和上游业务相关的派遣管理主要由该公司直接负责。

目前该公司的海外机构由于上游板块业务作业阶段的不同，所需派遣人才的类型也十分多样化，公司海外 90% 以上的项目都采用跟伙伴合作的方式，参与的身份和参与程度各有不同。

从参与身份来看，作为作业者时海外规模相对较大，设施也更为完整。相对应地，外派岗位设置更全，外派人员规模也较大。而作为非作业者时，往往仅就核心岗位派遣一些专业人才。

从项目阶段来看，处在开发期的项目，海外派遣人才数量相对更多；而处在勘探期的项目，派遣的人数较少。

从派遣的完备性来看，如果既是作业者，也有勘探、开发、生产等全流程，那么专业设置会比较完整，甚至包括商务、法律、财务、人力资源等相关职能岗位，对派遣人才需求量较大。

除了业务多样、复杂的问题，海外当地的法规要求对派遣人才的选拔也有影响，目前该公司层级较高的岗位（管理和专家）以外派人员为主，其他人员则以当地招聘为主（包括正式雇员和合同工）。

基于海外当地的法规要求，该公司外派原则上要求进行一定的本地化——在印尼、尼日利亚、乌干达等地，本地化人才雇佣比例的要求非常严格，政府在审批时，如果认定当地有符合岗位要求的人才，就会限制外派人员的名额。以尼日利亚为例，当地雇佣人才的数量配置要求很高，需要监控派遣人才与当地雇佣人才的配比。

合规化还体现在海外当地劳动章程和细则上，如工作时间安排、加班工资给付、职业安全和健康、工会要求，等等。

在对海外当地的法律法规做好充分了解和准备的同时，尊重海外用工习惯与当地文化习俗也是企业迫在眉睫的要应对的重要课题之一。

随着“走出去”的深入，很多中国企业强调，每到一个国家都需要尊重当地的文化传统。比如欧洲和东南亚某些国家，当地员工并不认可较强的绩效管理文化和为事业打拼的奋斗者精神，而更看重工作、生活的平衡。

在海外当地的运营要深刻认识这样的文化差异，尤其涉及宗教习俗，更需要把尊重当成基础。中国企业不能在海外照搬国内的做法，要尊重海外的工作习惯和管理模式。

为了帮助派遣员工应对文化差异，分布全球的运营势必带来思维方式、沟通模式的碰撞。MMG 公司大部分矿业运营地都在传统文化地区，这导致 MMG 十分注重不同族裔的文化多样性，在尊重当地民众的传统风俗前提下开展工作。

人力资源团队就此开展了专项的跨文化培训“culture-awareness”，并在全球成立了多个多元化和包容性委员会（Diversity and Inclusion community, D&I），聚焦性别平等、公平就业等话题。MMG 通过引入多元化和包容性的理念，拓宽了组织的经验范围，提高了决策制定程序的有效性，并为取得更好的业绩提供了保障。

跨文化也是企业缩短员工适应周期、展现员工关怀的重要方面之一。在跨文化方面，吉利集团内部也有专门的外籍培训师，开发了不同国家类别的文化培训类课程。同时，安排海外派遣归来的员工进行内部分享传授经验。这在一定程度上帮助了派遣员工更快地融入当地工作，减少了因为文化“水土不服”造成的派遣失败。

在“走出去”过程中，中国企业应当始终保持开放的心态，对摩擦和碰撞做好充足的预案，不断探索符合各国实际情况、适应当地文化习俗的管控模式和管理深度。

薪酬福利管理人群分类到具体平衡表设计

在进行人才海外派遣时，中国企业面临的三个最大阻碍为“配偶职业发展和家庭相关问题”“成本太高”以及“当前政策未考虑到业务需要（如政策细分不够）”。

当然，是否需要根据派遣类型进行海外派遣政策细分，和企业全球化阶段以及业务模式需求密不可分。

比如，企业首次海外布点，通常是通过并购形式参与海外运营，在该阶段，更多的企业是以财务管控为主，仅将财务总监或者总经理派遣至海外公司。

此时，由于派遣人员数量少、派遣目的地单一，仅由中国外派至海外并购公司，完全可以通过一事一议来设定派遣人员薪酬福利等。

而当企业逐渐深入全球化布局，派遣人数增加，涉及多处海外布点，既有人才“走出去”也有人才“引进来”，甚至是海外国家间的人才流动，此时派遣形式就可能涉及短期轮岗、海外培训、项目合作、长期派驻、本地化等多种形式。在这种情形下，不同人群分类管理就显得尤为必要，如何进行政策细分对于外派人员管理有着极其重要的意义。

美世按三个维度，将派遣按照时长、派遣目的以及地理位置进行政策细分。实践中，超过半数的中国企业基于派遣时长针对不同的派遣类型有不同的政策设置，如长期派遣，短期派遣等。另有5%的企业基于派遣价值，为不同的人群（战略领导者、技术专家、高潜人才）进行政策细分。

派遣类型中以“长期派遣”最为常见，其中55%的中国企业采用“平衡表”法管理长期派遣人员的薪酬。

某大型民营高科技集团在全球范围内业务覆盖了200多个国家，在各大洲都拥有海外分支机构。全球员工在10万人以上，国际派遣员工有几百人。国际派遣员工主要为业务导向型，如管理、营销、研发和制造人员。

作为一家拥有数十年历史的民营企业，集团有着包容创新的价值观，努力践行“为客户创造价值，为员工创造机会，为股东创造利润，为社会创造财富”的信念。海外派遣管理时常面临“同工不同酬”的挑战，集团在应对此挑战时，主要以派遣目的驱动以及员工意愿考量进行方案设计。

由于较多的海外分支机构是通过兼并收购所得，集团对于该类分支机构还是以财务管控为主，被收购的事业部依然沿用原有的国际派遣管理方案。海外国家间的互派或者从海外国家派遣到中国的人员，根据国家和地区的方案有所不同。

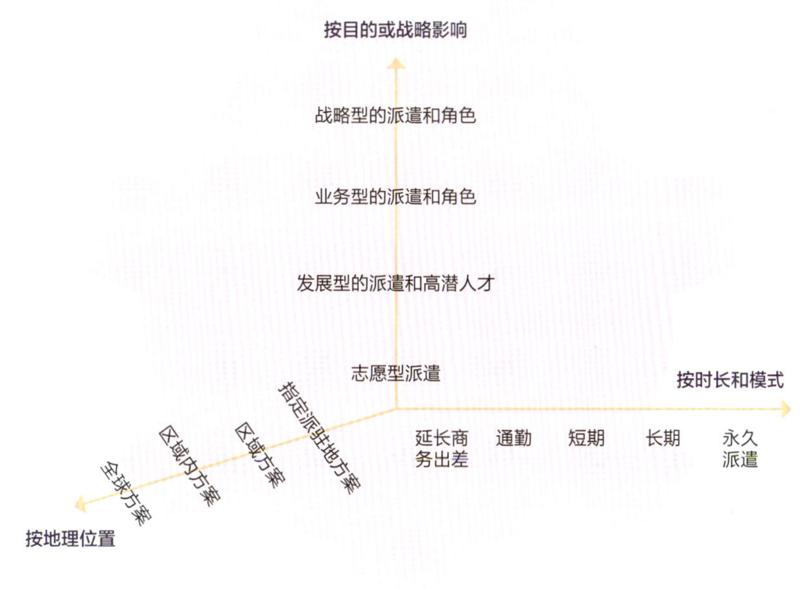

三个维度的派遣政策细分

中国总部派遣至海外的常驻人员，集团一般采用两种付薪方式。

一种是完全基于母国薪酬水平和结构，外加海外派遣津贴福利，也就是我们常说的基于派出国的平衡表法。

另一种是类本地化的付薪方案。类本地化会保留国内合同和薪酬水平，薪酬结构和奖金发放跟随派驻国当地结构和标准，外派人员依然享有外派津贴。类本地化方案，能够加快员工融入当地，同时减少本地员工与外派人员“同工不同酬”的差异。同时，集团总部也会对类本地化外派人员进行持续关注和追踪，当薪酬调整有较大异常时会适当介入。

外派人员派遣期结束前3~6个月，公司会提前和员工沟通，根据员工意愿和岗位安排情况，选择回派或者本地化。对于回派的员工，HR会协助安排岗位或让员工竞聘内部岗位。公司提供回派机票和安家费。

对于本地化员工，其劳动关系和合同均会转为派驻地合同，薪酬水平也会和当地逐步接轨。本地化很难一蹴而就，往往需要海外服务平台、业务主管、派驻国HR等多方多次沟通，帮助外派人员理解本地化offer，缓解本地化过程中员工可能产生的焦虑和担心。

通过上述企业的探索和极具价值的实践分享，会有更多的企业能够从中获得对自身人才全球化、业务全球化管理的借鉴经验，为海外人力资源管理能力的进一步提升打好基础。

跨境人才合规化管理真的很重要

中国公司有自己的管理文化，所面临的市场以及挑战也跟欧美跨国企业不同，是否需要跟上此番变革的潮流，相信也会有自己的思考，毕竟国际化进程中大家都想在全球化的市场上分一杯羹。市场是最公平的竞技场，对于成本和质量的挑战、对于人才的竞争终将影响企业在市场上的胜负

唐洁（Channing Tang） | 四大会计事务所总监
致力于跨境人才的税务等合规管理的服务超过 15 年

作为一线服务人员，一直从事着为国际化的企业提供跨境人才合规和咨询的服务。

近年来的市场发生了很多的变化。首先是网络带来的便利，信息不对称的情况得到了很大的改变，仅仅靠提供目标市场的税务等基本合规信息就能收取服务费的时代已经过去了。其次是我们看到我们的客户名单正发生着巨大的变化。

十年前，境外跨国公司是我们的主要服务对象，从服务模式上，我们的海外公司赢得客户后，我们中国公司是为海外公司打工。

但是近年来，我们的客户名单中中国本土企业的比重逐年增加，越来越多的中国企业“走出去”开拓国际市场。

跨境人才管理也逐渐被重视起来，我们也逐渐开始有了中国本土客户，我们的海外团队因为中国客户开始为我们打工，更多会讲中国话的团队成员也在海外加入提供当地支持。

作为行业从业人员是最能在第一时间感知到这一系列变化的。在为中国本土企业感到骄傲的同时，也很庆幸我们多年来的经验终于可以为中国企业“走出去”添砖加瓦。

中国企业“走出去”最早的大都是“国家队”，基建、高铁、能源都是我们的招牌。

近年来民企越来越活跃，得益于全球化的经济环境，我们中国企业的产品和服务在海外市场得到越来越高的认可，网络、媒体、手机、通信等行业走出国门的同时，企业也不得不面临越来越多的国际化运营，中国雇员走出国门成为家常便饭。

与此同时，我们可以看到各个国家对于跨境人才合规管理的手段也在加强，比如经济合作与发展组织，也就是 OECD（经合组织）推出 CRS“统一报告标准”，旨在推动国与国之间税务信息自动交换，目前正循序渐进地在各国实施，各国税务部门将更容易掌握到该国的税务居民海外的涉税收入信息，从而加强对税收的征管。

中国企业在海外人才合规管理中面临的挑战和常见误区

我们观察到，当年进入中国的跨国企业，大都有着雄厚的实力和丰富的海外运作经验，在国际化进程的外派人群的管理上，通常有着较为完善的公司管理政策和流程，也设有专人专岗在公司内部提供专业支持服务。

普遍来说，这些公司从上到下都比较有意识地去遵循相关的政策，整合不同部门提供解决方案。对于服务供应商来说，能够清楚了解客户需求以及公司的政策，快速配合做出支持反应，大家的合作就愉快了。

但是，对于中国本土企业来说，似乎情况就要复杂得多，对于需要做什么来达到合规比较模糊。很多情况下，带着一个小的合规问题来，却牵出一堆相关问题，比如其他合规方面配合的政策流程缺失，是很常见的情况，这其实是大多中国本土企业国际化程度尚在初期阶段造成的，也是很多海外跨国企业以前经历过的阶段。

第一，现阶段许多中国企业的国际化运营大都是从无到有的过程，而业务讲究的是速度，只有步伐迈得足够快，才能在市场竞争中占得先机，因此，管理层的关注大都是如何快速将人才运到目标市场上，打一场漂亮的业务战，赢才是这个阶段企业的首要任务。而人才管理似乎是之后才需要考虑的问题。

第二，中国企业似乎喜欢试探底线，对方国家合规的底线。这可能和中国国内企业以前与中国国内主管部门的关系有关，我们经常在海外合规中被问到的问题就是，如果不合规了，会怎样？有没有打破规则的解决方案？

第三，中国文化中的“拿来主义”，一方面给公司带来福利，另一方面也带来制约。如前文所讲，网络带来的便利，更容易让企业获得目标国家合规等基础信息，因此企业管理层很可能认为获得了相关信息，去做了合规就不再是问题了，人事专员从网上查点资料自己学习下就可以轻松搞定。

第四，有些公司更是从一些服务机构高薪聘请了专业人士，想着专人专岗就更不用担心了。但事情真的如此吗？

为了要赢，就要快；为了要快，就不惜打破规则。这恐怕是很多中国企业在海外合规管理上铤而走险的原因。

我们见过为了快速把员工送到海外项目，为了节省工作签证申请的时间，本来应该办工作签证的，直接办了个旅游签证。

员工拿着旅游签证就去了当地工作，直到回国时在境外的海关被拦住，滞留在机场，公司才意识到问题，着急带来的隐患可能是“更加急不起来了”，因为公司上了当地海关的黑名单，后续人员无法到位，当地项目不得不停滞。

打破规则的解决方案背后是管理者对于成本降低和利润最大化的管理逻辑，我们可以看到中国企业面对成本控制的巨大挑战以及用创新的思路解决问题的决心。但是，这个账是不是划算？这样的风险值不值得去冒？怕是要算明白才好。

另外，国际化的道路不是只有中国公司在走，国外公司因为不合规的海外派遣遭受巨额罚单的故事屡见不鲜，况且现阶段中国的部分地缘政治环境一般，在我们看来尤其需要重视海外的合规要求。

也有客户找到我们说，我们在东南亚某国派了员工，去之前我们看了当地的规定，说是没有最低工资的要求，那为什么我们在当地报税的时候税务局非说我们的工资发低了呢？我们员工工资都发了，难道还要给他们补发工资吗？

经过我们一番研究发现，当地劳动法和工作签证申请中确实没有最低工资的要求，但是，当地报税的税基错了，当地的人事部只申报了当地发放的工资部分。而当地的报税要求是，针对外派员工需要把其国内发放的工资部分一并申报。

所以问题的解决方案并不是补发工资，而是修正报税。如果没有对整件事情的全面了解和评估，就有可能得出错的解决方案，花冤枉钱，税务风险却依然没有得到处理，最后可能还要补税和上缴滞纳金。“头痛医头、脚痛医脚”的方式行不通，从公开网络上获得碎片化的信息来作为公司解决问题的依据不仅有风险，更可能效率低下。

那高薪聘请的专业人士实现专人专岗是否就万无一失？不得不说，有经验的专业人士在处理问题的意识上比只有碎片化信息的非专业人士好很多，但是挑战依然存在。

跨境人才的管理通常涉及的不仅是一个部门，还会涉及业务、人事、风控、财务等多个部门，其中任何一个环节没有处理好，都会导致全盘皆输。我们就经历过为了聘用某个海外高管，税务、业务、人事几个部门轮流论证，几番电话会议，最后因为企业税务风险的考量推翻之前所有人事安排的情况。

而对于许多成熟的跨国公司来说，为一个跨境人才的安排，几个国家的不同团队就提议

的不同方案历经多轮论证才得出最佳解决方案是很常见的情况。

事实证明，没有足够的信息和知识是肯定不行的，但是只有信息和知识是远远不够的，有知识只是基石，只有转化成体系，并配套行之有效的政策、流程时，才有真正的现实意义。

而从现实的角度来看，只有当高层管理者认识到建立有效的政策流程的意义时，真正的变化才刚刚开始。

我们总听到“发展以人为本”，对于外派人员安排的逻辑和态度才真正体现公司管理层的想法。

所以如果只是安排了专人专岗，公司管理层并没有足够的认识高度，所谓专人专岗最后可能只是个别专业人士的忧心忡忡，而是否赋予了相关专业人士足够调动资源的能力，有流程有政策支持他们发挥专业才能，才能善其事。这背后更多考验的是高层管理者的认识高度和管理运作能力。

以上，不是说我们不管业务发展的情况也要不惜成本和代价做好风险合规的管理，而是要去考量怎样不让合规风险拖了业务发展的后腿，怎样让合适的跨境人才管理去配合公司不同的国际化发展规模和战略。

很多时候并不存在标准答案，是需要公司管理者结合公司的现实情况以及发展计划和战略综合考量的。

中国企业“走出去”后，海外人才合规管理的趋势和思考

我们可以看到成熟的跨国企业在管理国际化跨境人才的几个要件。

第一，要有配套的人员外派政策，对于派什么类型的人才、派多久、适配怎样的薪资和福利有指导，这个背后是对公司国际化发展战略的解读和落地。下面的业务部门有规则可依，在具体事例中有立场，谈判有章法，有效率。

第二，有配套的流程，在招聘或者派遣的过程中，需要告知相关部门，需要哪些部门事前给意见、事后给合规支持都有明确的流程。尤其对于跨境事宜，如果没有适当的流程，政策无法落地，管理层已经花了工夫做了调研的安排，可能由于没有流程而无法落地。

第三，专业的团队，专人专岗，专门的人员协调，并且有足够的权限去协调，如果有名无实，也是形同虚设。

第四，先进的技术手段去支持，是否有足够的技术手段和平台，是管理效率高下的体现。

第五，要有数据支持，现在是大数据时代，各国的合规数据，定制化的报告，也是下一阶段的管理决策所需。

很多企业都经历了从“不知道自己不知道”，到“知道自己不知道”的过程，并在业务国际化的进程中有清楚的定位，知道来时路，也知道该往哪里去。

在中国的市场上，我们发现一个很有中国特色的管理逻辑。很多中国企业了解了相当多的先进做法后，总是很犹豫，反而更愿意去打听其他中国企业，尤其是几个领头企业怎么做的，这无疑是以最小的成本获得不至于太差方案的问题处理模式，闪耀着中国人的智慧。

毕竟很多企业的人事部面临的压力大都是跳槽过来的员工们动不动说起来“我上一家雇主的做法”，中国企业想要争取的、有经验的国际化人才都是要靠抢的，领先的企业就是那么几家，对标领头企业，是很有必要的事。并且跟着领头羊做，错也错不到哪里去，不求有功但求无过，也是不错的KPI了。

但是，在这种“拿来主义”中，考验的是每家企业“拿来主义”背后的思考，哪些是适合自己的部分？哪些需要改良？毕竟每家企业的情况各有不同，政策易得，政策制订背后的思考逻辑才是企业文化的差异之处，也是企业面临市场竞争需要考量的核心差异化部分。

所以拿来的到底是“法宝”还是“鸡肋”，需要管理者的悉心辨别。

而认为跨境人才管理是人事部执行层面的问题恐怕是对此最大的误读。跨境人才管理的每个细节都体现了管理者对于国际化管理的战略思考，绝不是执行层面的人事专员可以解决的问题。

这个问题的认识高度也是我们在服务中国“走出去”企业过程当中面临的最大掣肘。我们总是期待高层管理人员尽可能早地意识到这是需要他们参与思考和决策的领域。

但是很多处于国际化初级阶段的企业，跨境人才管理被认为是件不重要的事也是很常见了。事实上，具体到外派人员管理中的每一个细节，比如合同中签证安排、薪酬福利考量、税务申报协助安排、税务平衡政策等，无一不体现着管理层对于每一位外派人员的考虑。

如果，管理者一边说着我们重视人才，而一边放任混乱的外派管理，是很难让远离家乡被派到海外的员工体会到重视人才、以人为本的。一旦派驻海外后处于无人支持的境地，不得不自行面对出入海关被栏、税务申报无人协助、当地税赋自掏腰包的情况时，又怎能让员工在海外市场安心打拼？最后的结果很可能是被竞争者挖了墙脚，积累了多年的海外经验让别的公司“摘了桃”。

从内容上，国际化人才管理涵盖了公司管理的多个领域，包括薪酬福利、税务、社保、签证出入境管理、劳动法等。从涉及的公司内部管理部门来看，更是需要人事、财务、税务、风险管理、公共关系等多个部门通力配合。

要想让不同领域信息撞击的火花汇成细流，并让各有KPI指标的不同部门坐下来商讨出一个最切实可行的方案，挑战可想而知，每一个决策背后是不同部门从不同角度的考量，绝不是一个人事专员可以做到的决策，只有公司管理高层的介入才可能定方向。

今天的世界飞速发展，十多年间，市场、行业、手段都已如此不同，技术化和数据化越来越深入影响企业的管理和生存，很多传统企业还在雾里看花想着再等等、再看看的时候，有可能已经贻误战机。

不只核心业务领域，人事管理领域也在经历着技术化、数据化浪潮。过往管理方式是否将被更自动化的技术解决方式所替代？除了更低廉的管理成本，传统管理决策中的模糊机制将被更精细化的数据化管理模式所代替，新的技术手段能够以更透明便捷的方式获得数据，并且以定制化的数据分析作为管理层决策的支持。

当然，数据不会凭空而来，如果没有前瞻性的平台搭建，没有历史数据的积累，只怕是到头来无数据可用。如何能够前瞻性地搭建起数据化依托的技术平台是现阶段管理方式的新浪潮。

虽然新的管理决策方式是否能够打败传统模式尚且需要市场的验证，但是，我们看到很多欧美公司已经开始投资模式数据化的管理领域。

中国公司有自己的管理文化，所面临的市场以及挑战也跟欧美跨国企业不同，是否需要跟上此番变革的潮流，相信也会有自己的思考，毕竟国际化进程中大家都想在全球化的市场上分一杯羹。市场是最公平的竞技场，对于成本和质量的挑战、对于人才的竞争终将影响企业在市场上的胜负。

企业员工国际派遣的“难”与“暖”

随着中国经济的发展和国家“一带一路”倡议的实施，越来越多的中国企业开始了走出国门迈向世界的步伐。员工国际派遣的管理也在中国企业“走出去”的过程中引起了越来越多的关注

桑璐璐 | EY 德国 税务高级经理

在安永人力资本咨询团队工作十二年，借助这家全球性专业服务机构的国际平台，笔者积累了从服务进入中国的外国企业，到帮助中国优秀企业“走出去”的丰富经验。特别是在过去的一年多的时间里，笔者也成为一名外派员工，亲身经历了“走出去”的诸多艰难，对企业和员工面对的挑战有了更深的认识。

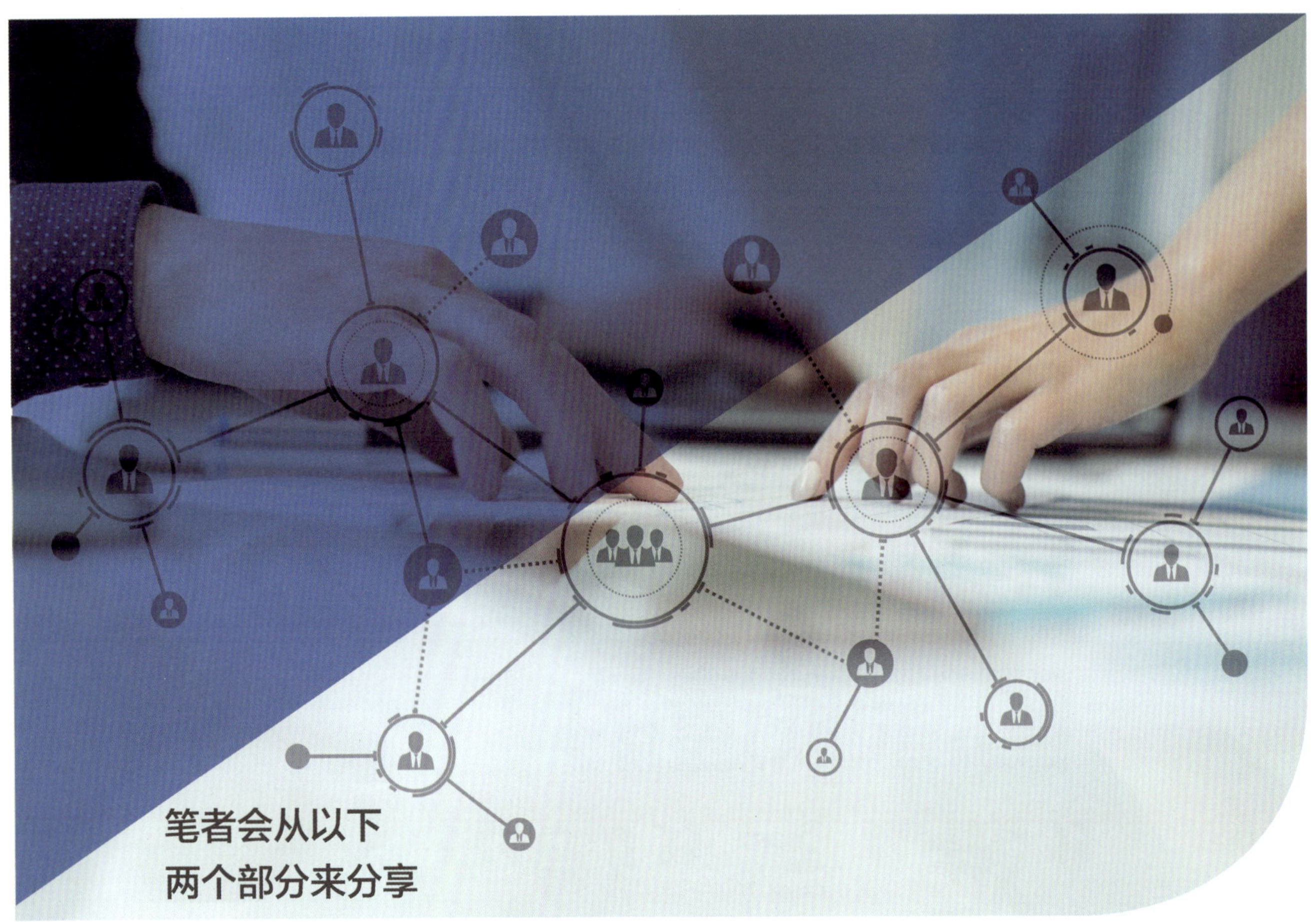

1

从企业风险管理和人才战略的角度出发，以多年服务有国际派遣员工的企业遇到的风险点为镜鉴，系统化梳理企业在进入陌生国家时可能遇到的挑战和应对方法。

2

结合笔者在海外接触到的外派员工以及自己被外派的经验，来进一步分析中国企业“走出去”时如何做好外派员工的员工关怀，帮助员工成功融入，从而确保企业“走出去”战略的顺利实施。

企业员工国际派遣遇到的挑战，
主要包括两个方面：
合规性风险和人才战略有效性

第一方面 合规性风险

由于国际派遣涉及派出国和派驻国两地，合规要求的复杂性相较本地员工会大幅提升。面对不同派驻国陌生的商业环境和多变的法律法规政策，在“走出去”初期的中国企业往往缺乏经验和相关的专业人士。企业和员工均面临着在出入境管理、劳动法、税务、社保等各个方面是否操作合规的系统性风险和挑战（见图 1）。

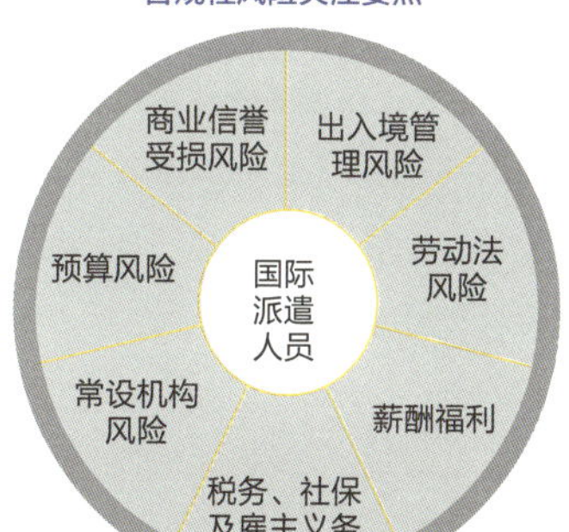

图1 合规性风险关注要点

出入境管理风险：很多国家的工作签证申请条件严格，有些国家出于对本地劳动人员的保护，工作签证的发放还设有配额和指标。一些中国企业的员工为了快速到海外开展业务，办理的是商务签证或旅游签证。

员工访问派驻国的目的和持有的签证不相匹配的风险非常高，可能面临员工被遣返。有些国家的出入境管理制度还会涉及刑事处罚。企业需要正确判断适用签证的类型及特殊要求，如提交资历证明、满足最低工资、需要使馆面试等，留出充分的准备材料和递签的时间。材料不齐可能导致员工被拒签，并影响其个人后续的签证申请。

劳动法风险：外派员工的雇佣关系管理中存在的漏洞可能导致企业面临劳动法方面的违规，例如雇佣关系的归属、劳动争议等。不同国家对于雇佣关系终止都有着不同的规定，有些必须支付补偿，有些由于工会力量强大，实操上很难解雇员工。各国劳动法也在法定假期、工作时间、产假等方面有严格的规定，企业在制订员工外派的薪酬福利时，不应有悖于当地劳动法。

薪酬福利：制订员工外派期间的整体薪酬福利体系时应遵照当地最低工资、同工同酬等要求。许多外派员工因家人还在国内，仍需负担生活开销或房贷，希望将大部分薪酬在国内发放，省去兑换外币及境外汇款的麻烦。但如果只有小部分补贴在派驻国发放，有些国家的税务局可能认为员工的薪酬没有满足当地最低工资标准，需要公司做出合理的解释和调整。

税务、社保及雇主义务：员工外派涉及在中国境内及派驻国税务、社保合规性申报和缴纳，包含从最初两国之间是否有避免双重征税的协定涉及的征税义务判定，到最终在境外缴税后完税证明文件的获取等诸多具体问题。中国也与部分国家签订了双边社会保障协议，可避免在两国重复缴纳某些社会保险项目。

合规性的风险除了雇主申报义务，还往往涉及员工个人申报义务。很多外派员工对当地税法不了解，导致未能按时完成个人申报义务。如今很多中国企业会将税务、社保等合规性服务外包给专业服务商，并给员工安排税务简介会，介绍外派后的税务影响及在本国和派驻国的法定个人申报义务。

常设机构风险：外派员工在境外开展活动可能会给其境内雇主带来在境外构成常设机构的风险。一旦被认定构成常设机构，税务合规要求和税负成本都会大幅增加。企业可在项目前做好外派员工的规划，合理安排员工外派合同、差旅时间、薪酬发放等。在项目开动后收集信息及时评估，最大程度规避在境外构成常设机构的可能性。

预算风险：有些企业因为低估了员工的境外税务成本，导致后期项目超出预算。企业可通过外派前的税务成本测算，避免预算超支，降低税务不合规的风险，更可以发掘税务筹划机会，例如优化境内外薪酬发放比例和形式，善用当地个税减免型福利，适当减轻员工个税负担和雇主成本。

商业信誉受损风险：一旦合规性风险被触发，不仅会给企业造成财务上的损失，例如缴纳滞纳金、罚款等，有些国家还会追究财务负责人的刑事责任。更重要的是企业商业信誉会因此受损，影响到未来在当地的投资行为和发展机会。

另外值得一提的是，除了在境外，企业不要忽视因为员工外派而产生的额外的境内合规性风险，如外派人员备案及年终税务汇算清缴申报要求等。

随着中国个税改革，税务机关征管力度不断加强，针对外派员工的境内合规性操作也变得更加重要。企业需充分意识到上述挑战，实时关注法规的更新和变化，及时收集信息，实现针对合规性风险的动态化管理。

第二方面 人才战略有效性

通过多年与“走出去”企业管理者的交流得出，派遣员工去海外工作的目的基本是三个。

第一，为了国内总部战略的传达和企业文化的传递，一般派驻中高层管理人员到海外。

第二，弥补当地员工不具备的技能，进行有关专业技术的培训，稀缺型人才及知识的迁移。

第三，为企业未来的全球化培养储备人才，实现国际化人才战略。

企业需要建立更完善更灵活的外派政策和形式，设计更适合更有吸引力的外派薪酬福利及税务方案组合来提升人才战略的有效性。

外派政策和形式：

外派政策的制订往往根据企业外派不同的发展阶段有着不同的需求（见图 2）。

外派政策的制订需要考虑多方面因素，例如公司的成本、对员工和家庭的吸引力、市场竞争力、税务和社保政策以及雇佣法规的影响。

不同的派遣政策决定了不同的派遣形式和劳动合同关系。一般的派遣形式主要分为三种：直接派遣合同、当地合同和双合同。

直接派遣合同即员工与境内企业签订合同，通过派遣协议派驻境外企业；当地合同是指员工只与境外企业签订劳动合同；双合同是指员工与境内及境外企业均签订劳动合同。

企业在决定派遣形式时，应考虑派驻国劳动法、签证、薪酬法规、社保及税务各方面的要求，例如在某些国家，办理工作签证时就要求必须提交本地劳动合同。

同时，也需考虑企业整体的成本控制，对未来业务发展流动性的需求，以及员工的个人需求。大部分中国员工希望在外派期间保留境内劳动合同，以便保持不间断缴纳个人所得税及社会保险的记录，在所在城市获得购房、购车等资格。

最后，从税法的角度看，不当的派遣形式也会

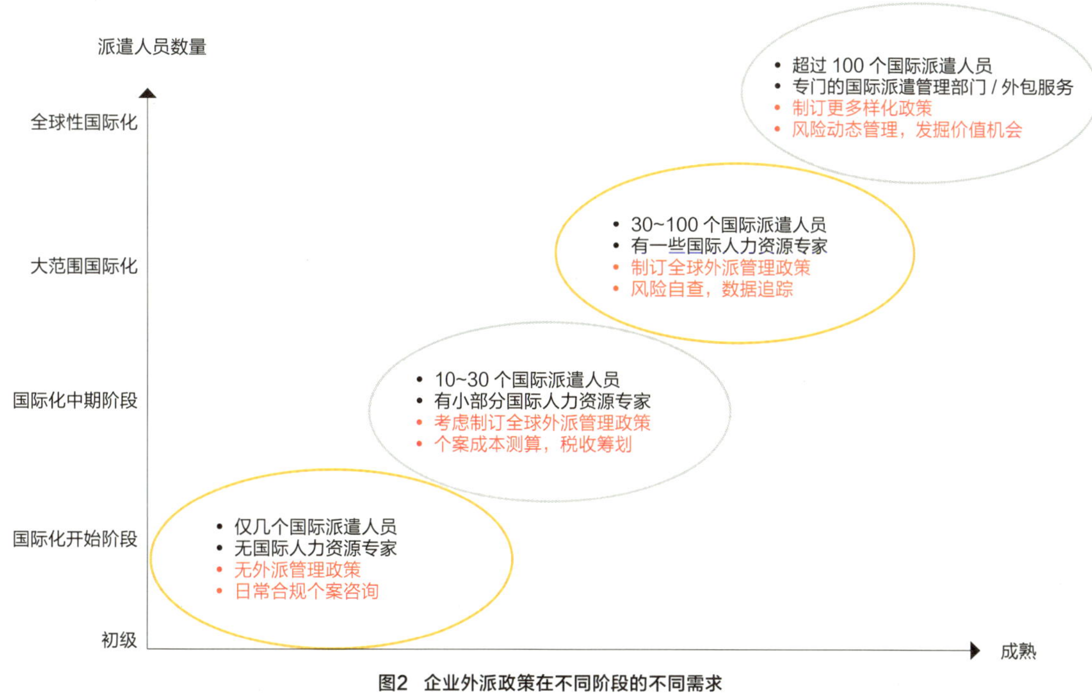

图2　企业外派政策在不同阶段的不同需求

增加在境外构成常设机构的风险。

薪酬福利及税务方案：

外派员工涉及的薪酬福利大致包含五个部分。

❶ 基础薪酬：如中国发放薪酬、派驻国发放薪酬及总部的长期激励收入。

❷ 外派生活补贴：如房租补贴、子女教育补贴、生活成本津贴。

❸ 其他外派费用：如搬迁费用、安家费、探亲机票。

❹ 保险福利：如退休金、养老保险、医疗保险、意外保险。

❺ 海外派遣奖金等。

此外，还有针对员工外派的特殊税务安排，如净收入计划、税负平衡计划。

优化过的薪酬福利及税务安排会增加员工参与企业外派计划的吸引力，也会直接影响员工的外派体验。很多企业建立了税负平衡政策，外派员工只需承担假设其未被派遣时在中国所需支付的税额。

这个政策让员工不会因为外派而产生任何税务收益或损失，不会让员工因为派驻地个人所得税高的顾虑而影响参加外派，也保证了去不同国家派遣的员工在税务上的公平性。

除上述的一些薪酬福利和税务安排外，有些企业为了更多地解决外派员工的担忧，还增加一些额外的福利，例如外派期间的健康体检，发放汇率变动补贴等。

好的企业“走出去”战略，需要通过具体的外派员工来实施和落地。外派员工能否顺利地融入派驻国、快速地开展工作并达成既定目标，是企业“走出去”项目能否成功的关键。

笔者结合在海外接触到的外派员工及自己外派中的经验，从派遣前和派遣后两个阶段来分析一下企业如何做好员工关怀，帮助员工成功融入。

派遣前——以人为本，既要讲战略，更要讲关怀

1. 充分沟通外派对员工个人的意义和未来规划

很多企业将“走出去”对于企业的意义和价值思考得比较清楚，但往往对即将承担外派任务的员工意味着什么缺乏考虑，沟通得比较草率和仓促。有些员工在接受外派任务后，并不清楚自己在境外工作的目标以及企业对自己的期望，对于外派结束后在企业后续的职业发展也不清楚。

这直接导致有些员工带着很多的顾虑，或者是

抱着耗时间完成任务式的心理，甚至是带着免费旅游的心态出去外派，这明显有悖于企业初衷，也不利于企业国际化人才战略。

企业通过劳动合同、薪酬福利，购买到员工的工作时间，但不一定能买到员工的工作热情，特别是对于即将离开组织的外派员工。

要让员工充分体会到，外派任务是一个双向选择的过程，企业选拔了想外派的员工，员工也需要认同企业的全球化发展策略，乐于并积极接受外派。

很多员工决定接受挑战，背井离乡，并不是被物质条件吸引，而是为了获得国际化的工作经验，促进个人未来的职业发展。企业应支持、响应此类员工的积极性，就外派的目标、可获得的资源、外派任务对其个人在企业发展的意义、目标达成后员工的个人规划等，和员工在外派前做好充分地沟通，达成共识。

2. 关心员工家庭安排

员工决定是否参加外派时，除了工作和职业发展因素外，更多还要考虑对其生活及家人的影响。配偶、老人和子女的状况也会极大影响员工出国后能否安心投入工作。有些外派员工因为前期没有充分考虑家庭因素，导致外派体验不好，甚至无法顺利完成工作。

企业在国内的职位选错了一个人，可以对其灵活调整，谈话指导或调岗。但国际派遣选错了一个人，往往是比较麻烦的。因此外派前，员工的家庭情况和安排就应该被充分考虑，引导员工主动参考家属的意见。对于员工在这方面的顾虑，尽量沟通和帮助解决，尽可能降低外派后可能出现的问题。

3. 增加员工关于派驻国工作和生活的认知

因为在安永这个国际化企业工作，外派前在国内的日常工作有一半以上都需要和境外各个团队协作，帮助客户解决跨境人力资本方面的难题，笔者自认为已经很熟悉跨文化工作。

但实际到了海外工作后依然遇到了诸多困难，从而更加理解了那些没有和不同国家不同文化的人一起工作的经验就被外派的员工来说挑战有多大。

根据多年服务经验，笔者特别注意到，很多外资跨国企业委派外籍员工到中国工作时，有两项外派福利项目，Look and see trip（派遣前到派驻国观光考察）和跨文化培训，这项福利鲜少有中国公司在给外派员工提供的福利中出现。

大部分的中国企业，都会忽视跨文化工作的挑

战，或者指望外派员工自己解决文化差异问题。企业可以多安排跨区域的培训，让员工更多地接触跨国合作。还可以聘请文化顾问，让已有外派经验或来自派驻国的同事进行分享，提供给将要外派的员工在当地所需的信息，调动外派员工对当地文化的好奇心和热情，也避免外派后出现较大的心理落差。

派遣后——放飞但不放手，组织与你同在

1. 关心工作，更要关心文化和生活

是否适应海外工作最关键的还是文化和生活。人们常用“好山好水好无聊”来调侃海外生活，在一般人的想象中，欧洲国家风景优美，外派的人可以周末去巴黎吃法餐、到意大利看画展，拿着申根签分分钟说走就走。这种生活听起来让人羡慕，但是远离亲友的外派员工，又有多少人有这份心情？

笔者所接触的外派员工，大部分人的周末都是在租的房子中和国内亲友视频、出门采购下周的食品用品中度过的。外派员工如果和当地文化融入得不好，很难乐在其中，也容易带来较强的孤独感和焦虑感。

此外，笔者发现外派员工工作之余的时间是如何度过的，与其工作绩效也息息相关。因为这不仅影响了员工本人的心态，也会影响到他 / 她是否能顺利融入当地同事中。

欧洲个别人存在着对中国人的误解，认为中国人只会工作，除了在企业做一个勤劳的螺丝钉，并不会享受生活，因而对中国外派来的人持敬而远之的态度。

在国内我们常说，酒桌文化很重要，做生意先吃饭喝酒，变成了朋友有了信任，再谈下一步合作就事半功倍。其实这个道理在全球都适用，只是西方人更重视个人时间，习惯于陪伴家人吃饭。

那么，就需要找到一些爱好上的共同点，通过工作以外的接触和交流来增进彼此的了解和信任，以便更好地开展工作。例如，可以约同事喝啤酒聊聊天，或者利用业余时间一起参加一些公益活动。笔者自己就因为对欧洲绘画感兴趣，通过和欧洲同事聊卡拉瓦乔、伦勃朗的画作等，与他们逐渐成了朋友，后面工作的配合也变得更加顺畅。

企业可以根据员工的兴趣爱好和特点，尽可能鼓励和创造这样的条件，帮助员工主动融入当地

文化。

2. 跟踪员工外派动态，合理安排外派期间职责绩效指标

由于地域、时差、所属劳动关系等原因，很多企业对于外派员工的管理都依靠外派人员的自主性，或者移交本地企业。有些员工自出国的那一天起，就和国内的企业联系越来越少，出现问题的时候，总部可能都不了解，而员工往往也会有孤军奋战的无力感。

海外岗位有些时候有点像创业。当笔者作为第一个外派德国的员工时，无论在国内工作时多么顺利，但在当地都要从零开始。这时候来自国内领导和团队的支持对笔者来说就显得格外重要。外派初期，企业可以跟踪员工的外派动态，保持通畅的沟通渠道让外派员工遇到问题可以及时反馈，都有助于更有效率地解决问题。

有些外派员工也反映外派期间的绩效指标只是简单沿用了当地或总公司的绩效系统，对于外派的工作性质并不完全适用。这也导致有些员工觉得无法真实反映出工作成果，不够公正。企业也应考虑根据每个外派岗位的职责，特别制订一些外派相关的绩效评估标准。

3. 外派结束前沟通员工的回派发展路径

外派的时间长短因企业业务发展和人才战略而异。一些企业的员工由于长期在海外工作，家属也放弃国内工作陪同在海外照顾子女。

当外派结束需要回国工作时，员工反而出现对国内的发展速度和工作节奏太快、竞争激烈，回国后能否适应国内竞争环境的顾虑。

另外，也要面临家人重新适应生活、子女需要中断国外教育回国上学等现实问题。这些问题如果不能妥善处理，就会带来人员流失、影响后续项目等情况。

企业员工外派的成本非常高，多年培养的外派人才无法回流，也是企业国际化人才战略的损失。企业可从外派流程上设计一个员工从派出到回流的闭环，与外派前讨论的职业生涯发展相结合，在外派结束前主动与员工沟通回流发展路径，将会有效避免关键人才在外派中的流失。

结语

随着越来越多的中国企业加入“走出去”的行列，在拥抱更多商机的同时，也会面临更加复杂的合规性风险和人才战略有效性的挑战，企业需要在制订海外战略时就充分考虑到这些风险和挑战。

而作为走出去的核心——外派员工，能否成功落地，决定了企业走出去战略的成败，企业理应给予更多的关注和做出更为细致的安排。

笔者将会持续服务和关注中国企业“走出去”的项目，总结相关的经验。希望通过笔者和同事们的工作能帮助更多的企业实现自己国际化的战略，也祝愿每一位外派员工，每一次远行无论走到哪里，都会以更好的状态归来。

跨境人力资源管理与人才激励方案实操

——以某央企海外分公司人才激励咨询项目为例

任艺 | 北京华恒智信人力资源顾问有限公司
高级咨询师

四十年的风雨，让中国企业得到升华和洗礼。曾经限制中国企业发展的资金、技术、人才和经验。今天已不是问题；曾经只能“引进来”甚至于“请进来”的局面，早已一去不复返。当今的中国，“走出去”已成为潮流

然则，“走出去”亦非易事，犹如当年想“走进来”的外企一般，今日诸多国内企业在“走出去”的国际化征程中，遭遇各类管理问题

为了有效解决这些问题，越来越多的企业管理者开始寻求专业咨询公司的帮助。

在本文中，笔者将以近期所承接的某国内知名央企海外分公司人才激励项目为例，探讨中国企业在“走出去”的国际化进程中所遇到的跨境人才激励与管理的难题，并结合以往经验，提出解决之道。

【项目回顾】

该企业是一家国内知名央企，隶属国资委管理，是其所在行业的领头军，目前在全球拥有并经营100多家子公司。为增强全球化资源供应能力，促进全球资源的优化整合，实现产业转型升级，近年来，该企业不断优化海外分公司的战略布局、加大人才培养的投入力度。

该企业前些年在国际市场的发展还比较顺遂，市场的顺利掩盖了管理的隐患。尽管海外分公司在人才激励与管控方面一直都有问题，也困扰着高层领导，但核心矛盾尚未凸显，该问题并未受到足够重视。

但如今国际市场受到中美贸易战等国际形势的影响，激化了矛盾，高层领导意识到这个跨境人才的激励问题已经到了必须解决的时候，因此找到华恒，希望借助华恒在人力资源管理方面的专业优势，帮助其解决海外分公司人才激励与管控方面的问题。

项目组老师在承接项目后，进行了为期2~3周的远程调研与探讨交流，通过对北美、欧洲、亚洲、大洋洲分公司负责人、核心业务人员代表、后勤管理人员代表进行调研访谈，我们发现该企业目前在海外分公司人才激励方面存在以下三个主要问题。

(一)激励约束不对等，对核心人才的激励和管控都明显不足

首先，最核心的问题是对于核心人才没有真正建立起与激励约束对等的激励机制。该企业海外各板块管理人员非常精干，优秀的人才配置也正是这家企业近些年得以在国外快速发展的重要原因。

然而，各海外分公司所属地情况各有不同，发展阶段也不同，负责人有的是从集团总部结合人才背景选调外派去的，有的是从当地选拔招募的。

集团出于统一公平和规范化管理的考虑，对这些分公司负责人都采取了相同的薪酬模式——基本上都是拿固定年薪。

对于那些在海外当地招募的职业经理人，公司会在其签订的任职合同中，约定任务要求，做得不好的，则通过解聘方式来处理。其实这种方式也是符合很多西方企业对职业经理人

任用实情和用人文化的。

很多西方企业的用人文化就是：聘用你，是认为你能完成要求、你能胜任；如果不能，那么就解聘。相信很多人从一些国外的影视剧作品或新闻中，也发现了国外企业对待“fire”比我们要理性很多，也似乎容易很多。

当然，这一方面是文化原因，还有一方面确实是各种保障机制要比我们完善很多。国外的各种商业保险比国内发展的时间长很多，也更加成熟。

对人才的聘用，在用人合同方面，用人单位直接“打包”一个总价格就好，员工自己会考虑是否需要购买保险，他自己会结合自己的情况去申请。各种赔付机制也更完善，有法可循，有据可依。

但对于从集团公司本部外派出去的优秀人才（这种情况反而是现阶段该公司更为普遍的状况）都是体制内的人，而且对于一些重要国外市场，考虑其重要性，派出去的还都是一些资深“老人”。

这些人未来真正重要的职业发展还是在集团，愿意抛家舍业的去海外开拓市场，也是为了把海外经历作为其个人职业发展的重要过程。

那么对于这类人才，虽说集团也有一些任务约定，但实际情况是考核流于形式，要求等于没要求，分公司的实际业绩对于负责人的个人收入并没有直接影响。

即使做得很好，薪酬总额要受到国企政策和职级的限制，兑现空间非常有限。访谈中，美国分公司负责人就吐槽说，去年他个人所带领的分公司业绩非常好，但是最终受制于国企的薪酬限制与要求，集团并没有给予激励兑现。

那么自然地，现在纵然业绩不好，领导也还得顾着情面和分寸，这些人的收入也是正常发放（因为之前做得好的时候，没有兑现，现在市场不好了，领导也不好说什么），更不会被“拿下”。

但集团领导却很苦恼地说，由于受到当今国际形势的影响，今年美国分公司的业绩已出现较大亏损，但负责人却没有做出任何战略上的调整，持续投入，而无视发展趋势和公司已存在的亏损情况。

这其实都是长期在这种激励约束无法对等的机制中，所滋生出的矛盾。公司效益与公司负责人的个人收入没有直接挂钩。

因此，公司负责人在做决策时，也就不是非要把公司效益作为一切考量的前提。在当今国际形势下，这样的机制，自然也不会倒逼公司负责人做出更加符合公司利益的选择。

（二）管理随意，缺少标准

其次，不少海外分公司管理随意性强，在人员定薪和涨薪方面，标准不明确，缺少配套的评价与考核机制，关键业务人员的收入情况未与业绩结果挂钩。在目前国际形势影响下，部分分公司业务已处于亏损，但工资还是按照之前的标准全额发放。

集团公司这些年对海外分公司的工作重点主要是在拓展市场和具体业务上，再加之地理距离、时差、所属地特殊国情与文化等客观因素的影响，集团管控海外分支机构的难度与成本都不同程度地增加了。

之前整体形势比较好的时候，管

理问题还不明显，但现在情况不同，若再不明确建立相应配套的评价与考核标准，必然带来更严重的问题。

（三）薪酬水平不符合市场标准，兑现矛盾重重

此外，不论是在海外分公司的负责人，还是具体工作人员，其薪酬标准都没有完全市场化，一直在“低于当地收入水平”和“高于集团内同级别人员收入水平”的标准中矛盾地兑现着。

目前该企业海外分公司的工作人员由两部分人员组成：既有在分公司所属地招聘的人员，也有集团总公司选拔外派出去的人员。

集团公司一方面要考虑分公司所属地的薪酬水平，但另一方面，还不得不考虑到分公司还有一大部分核心人员是从国内外派到当地的，相较于美国、欧洲等西方发达国家，我们的薪酬水平毕竟还存在较大差距。如果完全考虑所属当地的市场化水平对接薪酬，只会增加薪酬差的矛盾。

因此，一方面，外派到海外分公司的人员对薪酬水平低于当地水平感到不满，用他们自己的话说“团队的人员一直是 underpay 的”，这样很难在当地招募到非常得力的人员。

另一方面，在集团的薪酬表中，海外分公司的这些核心外派人员，其薪酬水平远高于同级别其他人员，已成为整个公司收入最高的一个群体，加之考核要求配套不到位，这就更遭到公司内不少人的眼红和认为不公平的负面言论。领导为之也承受着较大的压力。

【分析及解决建议】

以上这三个主要问题，是顾问老师们在远程时跟多位海外代表沟通、相互验证后梳理出来的。梳理清楚后，听起来似乎挺清晰的，但其实这些问题的出现，究其根本，都有其产生的特殊背景和原因。因此，解决起来，也必然是一个系统工程，离不开各方面的努力。结合调研的情况，我们给出的相应解决策略如下。

（一）建立任务分级的年薪方案，激励约束对等

毛主席曾经说，领导人最重要的两件事情：把方向、管干部。政治路线确定之后，干部就是决定的因素。治理国家尚且如此，治理企业也是同理。

核心人才始终是支撑企业发展的关键，因此调动核心人才的积极性，建立起对海外分公司负责人激励与约束对等的管控机制，实现“责、权、利”的统一，是重中之重。

> **针对海外分公司负责人的激励机制我们建议：**
>
> - 结合不同业务特点，分别建立任务分级的年薪方案。不同等级的年薪标准，对应不同的责、权、利要求，真正实现激励与约束对等
> - 建立风险责任押金制，将个人收益与风险责任实现挂钩
> - 在收入分配方式上，实现业绩目标在前、兑现在后的模式，引入对赌协议的相关条款
> - 成立虚拟的利润中心，模拟股权制（企业可结合自身所处阶段和员工接受程度，考虑引入模拟股权制）

具体来说，对于分公司负责人，建立个人信用账户＋风险责任押金＋年度风险责任状（对赌协议）。根据不同分公司负责人所承担的目标责任不同进行等级划分，兑现不同的年薪标准，同时多种发放方式，减少矛盾。

我们结合分公司负责人所承担的主要职责进行了分析，建立了三类主要目标，分别是：业务目标、业务增量目标以及管理目标，并同时设立风险指标及管理条件，作为年薪兑现与发放的前提。

把销售额、利润额、合同量、区域市场业务量增加情况、区域模式、创新及开发项目数量、新老客户维护数量等，结合不同海外市场情况，都明确具体要求，并把人均产值、人均效益、人工成本、收益率、投资回报率、回款周期等风险责任指标和一些管理要求，作为兑现年薪的一些前提条件。

结合分公司负责人实际业绩完成情况，为减少一些所谓其他人的“红眼病”，以及较大薪酬数额波动对工作心态的影响，在原有较为单一发放方式的基础上，优化发放结构，丰富发放模式（见表1）。

（二）加强风险责任管控，建立信用账户，引入风险责任押金

有很多海外分公司是“山高皇帝远”，以“将在外君命有所不受”为由，自主决策。客观地说，确实各个国家和地区，有着不同的文化土壤和宏观政策，过于统一和严格的管控恐怕难以充分结合地区优势，发挥自主权。“一抓就死、一放就乱”的魔咒，经常困扰着高层领导。

为了真正实现核心人才个人利益与公司利益的一致，同时考虑到国际趋势与环境对公司盈利情况所带来的影响，为了避免一些短视行为和决策，我们建议在明确约定任务和考核要求的基础上充分授权，与此同时，加强公司对关键人才的风险责任管控。要求分公司负责人、核心业务人才，都建立信用账户和风险责任押金制度。

核心业务人员建立个人信用账户，分公司负责人建立公司信用账户。个人信用账户与其个人收益挂钩，总的信用账户与分公司负责人的收益挂钩。

任何奖金分配，都需要建立在“信用账户为正”的情况下进行分配。同时，任何亏损也都要在信用账户中实现累计记录。未来任何奖金必须在信用账户亏损记录填平后才能拿取。

分公司总的信用账户相当于记录某个区域的盈利情况，如果一旦亏损值超过历史盈利值，那么负责人将没有奖金可以拿。且额度超过一定预警线后，会直接影响其个人缴纳的风险责任押金。

当个人信用账户或所负责区域的分公司信用账户为非盈利状态时，只能先发放原约定底薪的60%~80%。这样就不会再出现总公司这边账面上已经发生亏损了，但分公司那边该怎么发还怎么发的问题。

而且，当个人信用账户或所负责区域的分公司信用账户亏损超出相应的个人风险责任押金时，由公司再次评估，是给予个人提供继续追加风险责任押金继续开展工作的机会，还是确实不胜任，应调离岗位。

当国际形势良好、公司和个人收益都高的时候，即使到了结算时间点，风险账户为正，个人奖金的发放也要根据发放方式进行预留，因为行业受国际形势及政策变化影响较大，不确定因素大，要预留一些在风险账户上，抵御可能出现的亏损。

风险账户会一直跟随个人，在员工离开本岗位时，最终进行清算。结余的奖励一定发放给员工，但若存在一定亏损，个人也需要按约定比例，在风险责任押金中扣除相应数额后，方可离职。

当形势发生变化，出现亏损，由于风险信用账户的存在，分公司负责人也就不会任由公司持续投入，因为任何的亏损都会在其个人信用账户中记录并累计下来，未来其个人奖金的兑现是要在填平这些亏损的情况下才能发放。因此，也就实现了个人长期利益与公司长期利益真正的统一。

任务等级年薪制的模板

年薪标准等级	承担的目标责任（激励）		风险责任指标条件（约束）	管理要求（约束）	年薪标准（保密）	发放模式
	业务目标	业务增量目标				
高年薪	–	–	–	–	–	–
中年薪 未达标年薪	–	–	–	–	–	–
说明	利润、销售额、每个区域的任务额等	区城市场业务量增加情况、区域模式、创新、开发项目的数量、老客户的维护量	指标约束如：人均产值、人均效益、人工成本、收益率、投资回报率、回款周期等	合法合规、OKR中保障组织正常运作的管理要求，如审计不能出现问题等	年薪标准结合所属地市场标准水平及相应的任务约定情况来定：不同的海外分公司，其标准不同	发放结构，先发多少，后发多少，按期发还是延期发。部分可考虑引入模拟期权的设计逻辑兑现

（三）匹配要求，解决矛盾

考虑到公司原来是固定年薪，对于完成任务和风险责任几乎无约束，而现在做出了这么多明确要求和考核约束，为了保障激励约束对等，因此，必须对完成任务和约定盈利任务的员工，给予比原来更高的薪酬回报。该对接市场化标准就得对接，这样才能让大家更愿意接受。

而且，我们不是单纯的涨薪，而是同时配套建立明确的考核要求、风险约定和人才评价的考评机制。高薪的兑现，不是靠"被分配到一个岗位上"获得的，是有前提条件的。

就如我们在访谈中听到的负面声音"在政策好的时候，谁做都赚钱，是公司资源和平台带来的收益，不是他个人的本事。当政策出现不确定性的时候，工资该怎么发还怎么发。说是抛家舍业为公司去外面辛苦工作，赚得盆满钵满不说，几年后回来大概率还能晋升。这种只赚不赔的买卖，谁不愿去做？"

大家并不是对海外公司的高薪标准有意见，而是对没有要求的高薪标准有意见。根据我们多年做各类薪酬激励项目的经验，但凡企业里大家对某类岗位收入水平有较大意见、觉得不公平，通常都是"责、权、利"不对等所导致的。

但凡是考核和评价要求能与之配套，大家都没什么话可说。因为高薪之所以能拿到，是与其个人能力与努力付出相对等的。日后谁要再犯"红眼病"，只要他能通过公司对海外人才任职条件的选拔要求，同时接受公司根据不同任务考核要求而约定的相应年薪标准，承担相应的风险责任，大可以让他来试试。

（四）其他配套政策的支持

我们还对核心业务人员建立了分级责任制度（与目标责任对接），完善了对海外分公司的人才评价机制，对于其他不直接承担业务指标，重点做好业务支持的重要职能人员，采取定量考核（引入关键指标完成情况＋关键事件考核记录）＋定性评价（上级评价）相结合的方式。

除此之外，在薪酬执行层面，为减少矛盾，把部分差额奖励放在年终，不与月薪一起发放，同时加强考核要求。现实中，我们不得不考虑具体国情，毕竟不可能人人都能充分了解公司的相关政策，为避免一些不必要的麻烦，对薪酬保密性工作有更高的要求。

结语

常年在咨询一线承接管理咨询项目并作业的经历，让我们真切地感受到中国企业的快速发展与壮大。作为中国人，我无比自豪。

但中国企业在进行国际化经营的道路上，必然面临着整体发展战略、外部宏观环境、多元化文化冲突、跨境人才管理等诸多难题和挑战。

本文案例仅是我们近期所承接的关于跨境人才管理与激励项目中的一个，案例真实，但也只是冰山一角，毕竟企业在海外管理与全球化进程的阶段不同，所遇到的核心问题也不可能完全相同。

本案例是该企业当下遇到的实际问题，我们的解决方案与策略也是基于该企业的实际情况与当下问题分析后提出的，并不能涵盖所有国内企业在海外人才管理方面遇到的问题，也不适合直接照搬。

然而，我们始终相信，尽管客观条件我们无法改变，但跨境人才管理的核心差异点是人，那么核心的解决办法，也必然是落回到"人"上。

国际化的环境、经济发展程度、政治制度、意识形态、法律法规、风土人情，很多都与我们国内情况相去甚远，中国企业该如何克服这些问题、在国际化征程的道路中走得更远更好，恐怕是所有致力于把企业管理做得更好的人，需要穷其一生、不断钻研和思考的问题。我们一起努力！

中小型民营企业人力资源国际化陷阱

从企业的行为看，当某一个区域市场不能满足企业的发展需求时，企业开始有意识地追逐国际市场，这家企业的国际化就开始了

郑春国 | 振德医疗用品股份有限公司 人力资源中心

国际化对于当下的中国企业来说，不再是一个陌生的词语，随着国家改革开放的进一步深化和国际贸易环境的不断变化，相当多的企业主动或者被动地进入了企业国际化的趋势中，企业业务开始不再是面对某一个单一市场。

当企业的人力资源团队碰到国际化这个问题时，说明这家企业目前的生存不是问题，更多的是在考虑发展。这是一个好消息，同时也是一个坏消息。

好消息是，人力资源团队会有跨国人力资源管理的工作经验，在专业上有了进一步发展的可能，在职场上有了更多的可以展现价值的舞台。

坏消息是，由于是业务驱动的国际化，对于HR在其中的定位更多的其实是风险规避，人力资源团队往往是最后知道消息的一个部门。

所以，人力资源团队在其中所能发挥的作用微乎其微，更多的其实是一种“盲人骑瞎马，夜半临深池”的状态。

似乎笔者看到的是企业国际化给人力资源带来的困境，而不是机遇。我们都知道，任何的问题，既是危机，也是机会，但是，“机会是留给有准备的人（团队）”，目前我们看到的相当多的企业人力资源团队在“有准备”这个工作上面永远不在状态。

“国际化”带来的噩梦

当企业启动国际化工作之后，人力资源团队一般在1~2年内会成为整个企业业务发展的“瓶颈”。

1. 消息闭塞

基本是最后一个知道企业战略要求的团队，或者根本就不知道企业的战略要求。企业的国际化，任何一个动作，首先考虑到的都是业务和财务问题，人力资源团队在这个过程中是被边缘化的，到被告知阶段，一般是工作任务的下达执行。

在大部分连业务预测都做不好的企业，管理预测更是一片空白，很多任务下达后，HR团队在前因后果都不知道的情况下，开始了自己的“征战”，结果可以预期。

2. 事多人少

也就是我们通常说的HR团队的资源配置问题，如笔者所见到的企业，大部分企业HR团队的配置一般在5人以下，部分10亿规模企业的HR团队甚至只有1人负责基本的人事入职离职手续、社保工伤的办理。

这样的团队配置根本无法应对企业国际化之后带来的法规、合规、贸易风险、用工风险、薪资平衡、国际人才招聘等的挑战。

3. 缺乏积累

不论是新成员的进入，还是老成员的离去，对任何一个业务来说都是新的开始，大家对老板关注的业绩指标，更多的是“活在当下”。企业内部的工作永远是在“救火”状态，时间一长，就会演变成业务部门的抱怨：没有招到合适的人、没有培训好（没有人关心HR团队也就那么点人，而且专业能力不足）。

为什么是“噩梦”

国际化（Internationalization）是设计和制造容易适应不同区域要求的产品的一种方式。它要求从产品中抽离所有地域语言，国家/地区和文化相关的元素。

从企业的行为来看，当某一个区域市场不能满足企业的发展需求时，企业开始有意识地追逐国际市场，这家企业的国际化就开始了。

笔者通过对自己工作经历中的5家民营企业的（年营收10亿~100亿

元）在国际化中的过程总结，发现中小型民营企业的国际化以如下四种形式居多。

1. 制造转移

相当多的企业由于国内人工成本逐年递增，导致制造成本侵蚀企业利润，无法保持低成本优势，而不得不向外寻找合适替代国进行产品生产，从而启动了企业的国际化。

2. 销售需要

相当多的国家基于内部发展需要，对其他国家销往本国的产品征收高关税，提倡他国产品的本地化生产，部分民营企业出于更多盈利的需求，通过投资收益分析后，在当地设置制造工厂或组装工厂。

3. 企业转型

相当多代加工企业，在代理生产国际大品牌产品的过程中，积累了一定的生产和品质管理经验后，单一的代加工无法让企业得到进一步的发展，通过与相关国家的销售方合作，开始尝试自有品牌的生产和销售，并尝试成为原先代加工国际大品牌的中低端替代品。

4. 由外而内

第四种最特殊，企业一开始主要面向海外市场进行产品的生产和销售，随着国内市场对同类产品需求的提升和国家"进口替代"等政策的实施，企业的市场开始同步国际和国内两个市场。

第三种和第四种有一定的相似性，区别在于企业本身业务价值链中的"销售"这个环节的定位。

反映到人力资源管理上，很多HR从业者会悲哀地发现，在这样的企业基本不存在"管理大于业务"的情况，90%的人力资源管理一定处于人力资源发展阶段的第一阶段——人力管理阶段。

不论是哪种企业的国际化，都无法规避当下这种类型企业的一个通病：人治，通常表现为以下几个特征

A

战略或企业发展方向在老板的脑子里，或者仅限几个核心人员知道

B

企业工作以指令性行政命令为主，权限分工模糊，治理机制基本等于无

C

一个萝卜几个坑，内部价值传承为零，任何一个人进入，都从零开始

即使是老板对人力资源有个懵懂的认知，也只是在"不行，你们就做几个项目来提升企业人力资源管理水平的阶段"。

事实上，人力资源项目不能拯救HR团队于水火中。美团的王兴说过，企业有三种人，即心中有体系的人、见识过体系的人、野蛮生长的人。

由于大部分企业本身可提供资源的不足，我们能够参与人力资源项目的绝大部分都是"野蛮生长的人"，在项目过程中都有"迷之自信"，项目的交付物一般最后都成为"具有企业特色的产出"（把企业现在的做法用时髦的语言演绎了一遍）。

用一句话总结上面的陈述，大部分中小型民营企业的HR团队在国际化中都会碰到一个陷阱：无人可用。不论是HR团队还是业务团队。

可能的出路

从实际业务快速发展和大部分中小型民营企业实际HR团队专业技能和资源配置不足等现实情况出发，笔者建议可以从以下几个步骤出发尝试解决中小型民营企业国际化管控困境。

1. 弱管控

我们都知道企业管控有3种模式，大部分企业会倾向于从底层开始进行细枝末节的管理，美其名曰"更好的指导业务发展"，实际我们知道由

于本身我们大部分企业的管理团队都是野蛮生长的，无法做到有效的分权和授权，在实际进行“更好地指导业务发展”的时候，每个管理团队成员的标准是不一样的，导致实际发出的指令和要求会出现冲突，甚至是“南辕北辙”。

在这个前提下，个人建议，当面临到跨国团队建立或者是并入时，首先考虑的不是融入，而是如何让对方在利用母体资源的同时，继续良性发展，类似“财务管控”的弱管控是我们的优先选择。

2.HR 团队扩充

在弱管控的同时，HR 团队要尽快加强两个职能的建设：人才发展和体系管理。人才发展是保证外部团队逐步融入和形成梯队的有效手段；体系管理是将我们整个人力资源管理机制系统化和优化，从而向外部扩散的基本保证。这两个职能的资源投入是企业人力资源走向国际化的前提（避免出现内部的不融入、不接受或者是信息孤岛等情况）。

3. 启动知识管理

同步企业内部的知识管理建设，这项工作建议由内部的研发或者工程技术部门主导，成立“知识管理办公室”来对内部的各类知识进行分类和管理，同时对可以进行系统化的知识组织进行二次开发，使之成为“可复制知识”，快速在企业内部形成知识共享机制。

4. 组建合规部门

在企业走出国门或业务回归内部的那一刻，意味着相应的区域、国家法规的效力开始产生化学反应，如何保证企业的内部规定符合对应的法律法规要求？组建一个相对轻量化的合规部门是必需的选择。可以考虑“外部顾问 + 内部实施团队”的形式，短期采用项目形式培养内部的合规团队成员能力。

5.e-HR 系统

在上述工作开展的中期阶段，一个能够承载上述过程信息，并能够及时更新和定期有效维护的 e-HR 系统上线，就成为整个企业内部信息传递和工作逐步一致化的必然之选。

从以往工作中的总结来看，如果企业不从一开始强求一致性，而是在“利益共享、知识共享、合法合规”的基础上，逐步推进，同时根据实际需求，短期允许 HR 团队适当的人员富余，是能够最终达成企业的国际化管理目标的。

可能会出现部分时段的“业务发展与人力资源管理”不匹配情况，这时我们需要的是适当的等待，管理的“大跃进”需要的是整个管理体系的同步，单一的人力资源管理跃进，反而会适得其反。这点从我们过往很多企业的跨国经营管理咨询项目最后的成效可以得出结论。

小结

人力资源国际化对于任何一个企业的 HR 来说都是一个机遇，机遇同时是风险。对于 HR 团队来说，我们首先要做的不是管理，而是修炼内功，毕竟双方的方向是一致的。

对于企业管理来说，“攘外”和“安内”实际上是需要同步的，很多时候“安内”要先于“攘外”，只有这样，人力资源国际化才能在这个过程中实现真正的管控。

打破国际化组织的孤岛

如果把中国改革开放四十年划分为两个阶段的话，那么前半段就是“引进来”，后半段就是“走出去”。如果划分为三个阶段的话，那么最近一段时间的就算是第三阶段——“走回来”

白睿 | 组织发展专家　高级培训讲师　畅销书《组织赋能》作者

很多时候的确是在强调“走出去”，企业家们也忙于收购国外企业，在国外上市，但是十多年的实际案例告诉我们，很多有实力的国内企业从境外“走回来”，其规模甚至远远超过“走出去”的规模。

比如现在以高铁、核电为代表的中国装备制造业以质优价廉的优势赢得国际认可、成为中国制造的新名片后，仍然要回到国内修炼内功，继续孵化集团硬核技术和软核实力。

如果把中国改革开放的四十多年划分为四个阶段的话，那就是“引进来”“走出去”“走回来”和“再出发”。“再出发”不仅是资金资本的运作、技术的升级，更是组织、文化与人才的迭代“再出发”。

国际化组织发展的四个一般性阶段

一家企业是如何发展成为国际化组织的？这就要经历四个阶段，每一个阶段虽然可以跳跃，但是需要付出更多的资源和资本成本，同时也要承担更多的风险。

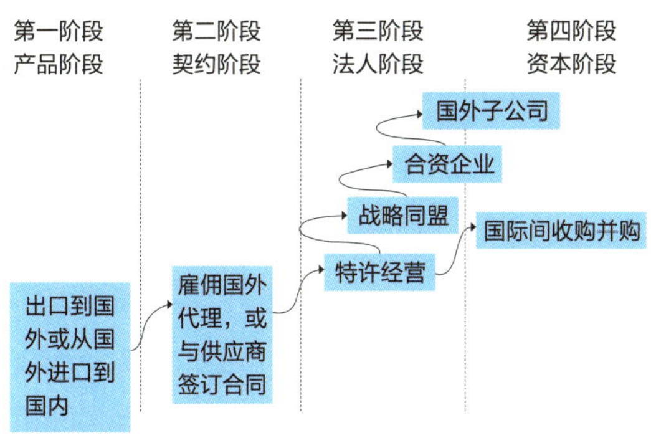

国际化组织发展的四个一般性阶段

→ **第一阶段**

产品阶段

最初的方式就是把自己的产品销售到国外，也有从国外进口开始的。很多企业都是通过进出口业务来寻找国际化的根基，从而实现全球运作。

→ **第二阶段**

契约阶段

本身具有丰富的产品线，都销售到国外市场，或在国外进行生产制造的厂房建设，可以有效利用国外政策，也可以减少产品的附加价格。

这个阶段的企业，已经开始向国外派驻人员或者机构。虽然这个阶段的有些企业可以与一些中间商进行合作代理自身的产品，但是中间商的管理者们，也要面对国外的情况。这个阶段，人力资源管理已经出现国际化的特点。

→ **第三阶段**

法人阶段

2005 年以前的企业要想走出去，要面临的是许可证制度。随着中国加入世贸组织，中国开始修改相关法律法规以及政策性文件。到现在为止，已经是非常开放的环境，符合当地的相关法律，就可以成立公司，进行贸易。

→ **第四阶段**

资本阶段，其实就是海外并购

海外并购涉及两个或两个以上国家的企业、市场和两个以上政府控制下的法律制度。

2015年中国企业实施的海外并购项目总共有593个，几乎涉及国民经济的所有行业。虽然中国企业的海外并购呈现逐年下降的趋势，但是2019年上半年，中企海外并购主要流向高技术含量和高附加值的新兴产业、高端服务业和消费品行业。

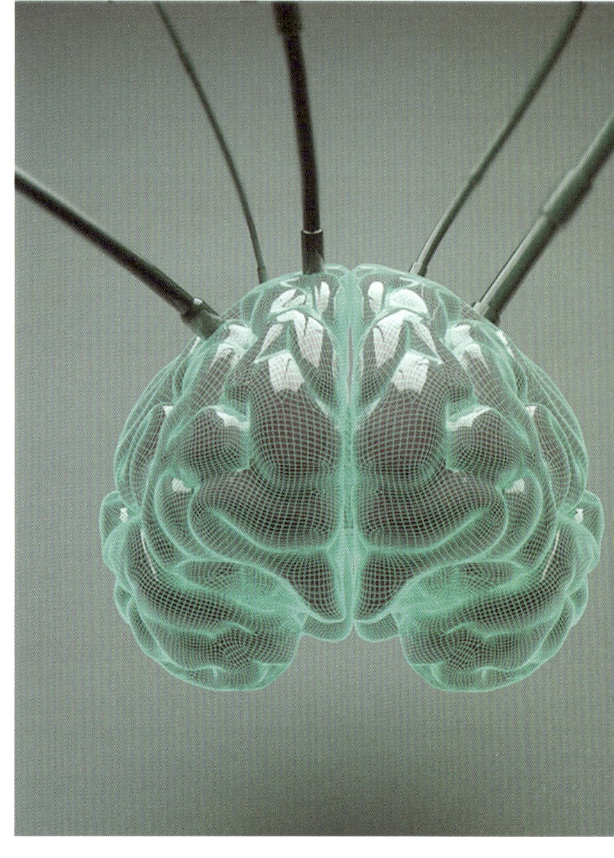

在“走出去”的这个阶段里，流传着十大终极灵魂拷问：

1. 如何避免跨国收购兼并的陷阱？

2. 如何在国外打造品牌和建立渠道？

3. 如何才能在东道国的法律体系中适应？

4. 如何才能赢得国际技术竞争？

5. 在资金、技术、产品、销售、管理等方面，我们是否具有优势？

6. 有没有自主品牌？

7. 公司在国际化战略实施方面的控制力如何？

8. 有没有国际视野？

9. 成本与收益分析在国际诸多变数过程中，是否精准？

10. 面临的潜在风险是什么？能够承担和抵御多大的风险？

国际化组织面临的不完全是单一人才问题

在国际化企业里，人才招聘和人才发展不是太大的问题，组织和人才之间的匹配，组织和人才横向的协作才是最大的问题。

国际化企业对于高端人才有较强的吸引力，雇主品牌和福利制度都会全球化，因此在吸引人才这方面，很多跨国集团高管都认为不是太难的事情。

笔者调研过数十家机构、上百名高管和经理，在研究过程中发现，他们都关注跨地区、跨领域合作的大项目，在运作这种大型项目时，更希望有一个较好的协作机制，克服来自地域、风俗、文化等种种差异。人才之间如何匹配，尤其是背景专业领域完全不同的人才之间的匹配成为很多高管的“梦魇”。

匹配的其本质是组织协同，打破孤岛，帮助人才跨领域跨区域的合作，实现其可能性。然而在越是大型的跨国国际集团里面，这个工作非常之难。

很多企业打破孤岛的方式是选择重新设计组织架构，但效果很有限，并且成本高，混乱而缓慢，尤其在跨国国际集团里面问题更加错综复杂。

打破国际化组织间孤岛的三种方式

有一个很有趣的现象，多数企业里面都有一个或两个跨部门合作非常出色的人才，他通常拥有不同领域的知识，而且感染力和影响力非常强大。

他并不是部门的高级管理者，但是他有过丰富的经验和人脉，这样的人如果被广泛地选择出来，就能够成为跨国集团公司的中间人，成为组织间的润滑剂。

组织协作伊始就是需要找到这样的人，并且帮助他们提高影响力。

中间人通常在提高跨领域和跨地域间组织协作中扮演两种角色。一种是纽带,另一种是中枢。

纽带是指作为不同部门和地区的中介人，尽量让大家在协作的同时保证日常工作流程不被打乱。

作为纽带的中间人了解双方的领域，懂得双方的要求，在发挥组织协作的过程中，作用是最大的。而中枢正好相反，他将大家聚合在一起，增进理解，形成持久的关系。

我们采访过一家重型工业的跨国企业，在国际化过程中遇到的部门墙非常地深，但是有一位经理，他经常能够介绍不同区域、不同部门的同事之间认识，并且介绍相关领域的知识，用俗话讲就是，能够把同事之间的合作，变得非常简单。

这就好比我们要认识一个陌生人一样，我们主动去接触这个陌生人，对方第一反应是要拒绝和有心理防备，而通过一个我们都熟悉的中间人来介绍的话，我们就会更容易接受，增加信任感，能够有效地进行沟通。这就是中间人的力量。

非正式组织的运营能够为员工带来较大的交易性工作，也能让组织产生更多的协同。非正式组织正是鼓励员工拓展网络，企业需要敦促员工在公司外甚至行业外挖掘专业知识。

很多大型的企业，有各种各样的非正式组织，尤其到国际层面，有些以音乐爱好而形成的非正式组织，更能促进组织的协作和交流，在同样喜欢音乐的员工里面更能产生交流的空间。

用非正式组织理论进行深入的引导，加强主流文化的渗透，能够进行深度沟通和跨国的合作。

如果企业已经确定某个知识领域拥有创造价值的高潜力，可以采用自上而下的方式。

每一个地区的合伙人可以组织工作，让初级员工分享学习经验，并和更资深的同事一起头脑风暴。从激发兴趣到形成商业模式，这需要一个过程，更需要组织协作的契机，来完成一项伟大的工程。

实践过程中最棘手的部分主要有两点。

第一点是发现和关键业务目标最相关的知识领域并能够激发大家的兴趣。这是一个找寻的过程，尽管有很多在知识领域研究的人都有过相同的经验，对于隐性知识的发掘比显性知识的固化更加难，所以在“无用知识”的有用性过程中，采用更开放的探寻式搜索，企业会难以负担起时间成本。

因为一个国际化集团每一次找寻的过程，都会像一场历时几年的大型运动，为了避免这样的结果，就要在每一个区域内进行先孵化后普及。不适合全面推广的知识领域，需要再总结再复盘。在一个这样的环节里面，通过不停地实践检验，来完善知识领域的建设，而不一定非得先找到关键领域。

第二点是现在的新知识产生的速度。科技时代信息交互非常巨大，带来了更多新的信息，交叉学科又让很多新知识点呈井喷式的发展。

数据时代已经到来，每天会产生大量的数据，当今社会一天所产生的数据，好比农业社会一个世纪的量，在这样的背景下，能否找到合适的领域并建立起联系，这是非常棘手的问题。

克服这个问题有一个方法，就是要先在员工非正式沟通里面，找到共情。比如一个人在朋友圈里分享一篇文章后，分布在全世界的员工们，不同时刻同时对这一个事情点赞，积累非常多的时候，就有可能形成新的知识领域。

组织在交互的过程中，对这种赞赏的个体行为，应当予以注意，个体行为逐渐发展，有可能就是共情和共鸣，是产生群体行为或者组织行为的一个基础。

基于此，可将组织内的知识固化成知识型组织，来更有效地解决组织间协作，打破国际化组织中的各个孤岛。知识性组织，是一种为适应知识经济发展而形成的以知识为基础，开放互动的组织。

在这个组织结构中，管理者的主要任务是根据组织发展规划和战略目标，对组织的知识资源，进行统一的管理。对于知识的管理更强调基于创新的知识、共享的知识的交流，新知识会产生在每一次互动当中，且最终形成具有竞争力的智力性产品。

这样可以得出一个知识型组织所具备的基本特征，应该包括以下几个方面：

1. 知识成为组织的核心资源；

2. 知识管理成为组织管理的焦点；

3. 知识资本，成为组织创造价值的核心资产；

4. 智力产品成为组织最有市场竞争力的产品，人才是贡献知识的基本。

为什么说用知识能够解决组织协作，第一点就是知识具有非收益的递减性，在经济学中收益递减规律，或叫作边际成本的规律，对于物质要素的投入确实发生了重要的作用，然而在知识要素上起不了太多的作用。

比如以软件产品为例，复制一套软件的成本很低，但第二件的价格仍然和之前的一样，因此可以获取更多的利润，这也就是知识固化之后的特殊之处，其投入的边际成本趋于零。

第二点就是知识具有共享增长性，与物质产品不同，知识是可以共享的，而且常常由于知识的共享，使得知识的存量翻倍，组织的规模增加，当知识被出售的时候，销售方并没有失去知识。

在组织内部，当一个员工的知识与其他成员分享的时候，组织的知识存量将成倍增长，而提供知识的一方并不损失任何东西。而且不仅知识没有削减，提供者常常会在转让的过程中，让原有的知识得以深化，得到更多新的知识。

“纽带”和“中枢”型人才、非正式组织、知识分享和管理过程这三种方法都能够形成组织协作合力，破解国际化组织间的孤岛难题。另外，通过一些组织制度，让人才的经验和技能能够更高效率地发挥，加强团队成员之间的沟通，也是提高成员积极性和组织动力的重要方法。

协作型组织

组织规模越大，就越要在协作和联盟中深思熟虑。团队是以成员间的相互依赖与合作为特点的工作群体，当协作型工作成为组织的主体工作，就可以以协作工作为导向进行组织建设。这个时候再施展组织设计干预策略，可能更适合。

互联网、物联网、人工智能等对国际化组织的协作带来更多的可能性，当世界的商业结构发生变化的时候，组织方式也必须改变，甚至会先于时代抵达未来，组织协作也会培养出开放、共享、协同的新型人才。

协作型组织与传统团队相比较，在诸多组织行为方面存在显著差异

01

认同行为

协作型组织的成员往往能够对来自其他部门或团队的成员产生较高程度的认同感。而传统团队则缺乏这种认同感，仅顾及各自利益、并只认同各自小团队的职能部门。

02

依赖行为

在完成目标任务过程中，协作型组织的成员普遍意识到依赖性，其表现为：承认共同的利益、表述个人需求、提议联手行动，尊重他人的需求和爱好等。传统团队很明显缺乏这种依赖性，在语言上体现出独立性，强调个人意向，对他人问题不太关注。

03

权利差异

协作型组织其权利差异明显比传统团队要小，能够更好地解决问题、更有效地作出决定。

04

解决冲突的合作行为

协作型组织能够通过合作方式来解决冲突，在最高程度上满足各方面需求。传统团队的组织内成员解决冲突的策略包括：回避、顺从、强制、妥协，并不能在最高程度上满足各方面需求。

05

磋商行为

在传统团队中，僵硬的职能责任制及来自团队外的竞争压力，使得组织的团队工作成为一个输赢的磋商过程，不考虑双方的共同利益。而在协作型组织的磋商过程中，团队成员往往能够从对方的角度重新评估和界定个人利益，并进行沟通，使得磋商过程最终表现出“双赢”的趋势。

漂洋过海去“流浪”，异国他乡赶“流量”

孟庆丰 | 北大纵横管理咨询集团合伙人
特约撰稿人

一部名为《美国工厂》的电影纪录片，一经上映便引发广泛热议。它不仅有美国前总统奥巴马投资加持，更是通过聚焦中国企业家曹德旺在美国开工厂的历程，揭示了中美企业文化的碰撞与博弈

千人千面，众说纷纭。《美国工厂》击中了很多人的认知“痛点”，导致不吐不快，但多是围绕中外对比、大国博弈、文化差异等若干类同维度展开分析

而笔者看这部电影，主要以中国企业“走出去”的独特视角，重点关注了国际化人才管理这一课题。

比如在影片中，我至少发现了：

作为老板，曹德旺公务缠身，却每个月都要跑一趟美国工厂，主要是处理劳资问题，并且无奈地对工厂总经理刘道川说：“你以为我愿意每个月跑过来啊？”

——除却个别节点，曹老板若有得力干将，何必亲自跑来跑去解决问题？

曹老板最初在美国当地高薪聘任的正副总经理高蒂尔和罗伯斯，任由工人“闹事”的事态发展，并有“敌视中国人”和“拿钱不办事”的嫌疑。2017 年 1 月到 10 月工厂亏损了 4000 万美金，曹老板随后决定将负责人换成在中国待了 26 年、美国待了 27 年的刘道川。

——关键岗位的决策和管理，舍我其谁？

曹老板在美国工厂建立和开工生产前后，均从国内调集了一批一线工人和管理人员，配置到工厂里担纲师傅或技术管理的角色，在其中穿针引线，更是工厂的骨干和中坚力量，可以发挥其战斗堡垒的作用。

——中流砥柱还得是自己人靠谱！

《美国工厂》启迪我们，企业的国际化经营，尤其是中国企业的“出海”，将面临战略、宏观环境、文化和企业管理等多方面的挑战。其中，毋庸置疑的是，国际化人才管理是驱动国际化经营的首要制约因素。

国际化人才，海外故事连连看

二十年前，笔者进入大学选择的专业便是国际贸易领域，毕业后尽管自己没做多少这方面的业务，却自然拥有了一群从事国际贸易、参与跨国经营的同学。每当与其碰面，交流起国际人才的管理问题，就能引出诸多话题来。下面分享三个令人深思的故事。

故事一

同学Andrew大学毕业后进入了国内一家电子器件生产企业，从事海外销售的工作，就是把他家产品卖到国外去。在公司工作1年，一般都是常驻国内，做常规的国际贸易工作。

随着公司国际化的发展，公司的国际营销格局日渐清晰：一种是在欧美发达国家设立营销公司，从国内出口产品过去进行分销；另一种是在亚非拉等发展中国家直接建立工厂，进行海外产供销一体化布局。这样，公司走出去的人才越发多了起来。

笔者的同学，第一次，就被分去了发展中国家埃及。以此为据点卖货，统筹运作包括埃及、埃塞俄比亚、利比亚等在内的几个国家市场。这一驻就是8年，从一个青春焕发的小伙子，成长为了一个老成干练的国际销售专家。

其间，他在北非成家，并在埃及生了一个国际化的宝宝——他的第一个女儿。等孩子刚学会说话、走路，先后又被调往西班牙、德国、美国，后又去了南美的智利——铁打的营盘，不变的是业务；流水的国际化人才，一直在变的是驻地国度。而在美国，他们家生了第二个女儿。

转眼间，大女儿都要7周岁，到了读小学的年龄；二女儿则刚入幼儿园。笔者有次调侃他：“你们这么奔波，孩子的教育咋办？”他笑着说：“带着全家去流浪，走到哪里赶流量！”怕笔者听不明白，他接着补充道：“我们都习惯了，现在孩子还小一些，先让她们的妈妈自己教教，大一些再说吧。”

故事二

同学Max毕业后进入了一家机电设备制造企业工作，他在国内待了半年后，直接被派往公司在美国设立的一家工厂，开始了其常驻美国的生涯。截至目前，他已经在大洋彼岸生活了近15个年头。

尽管他没有拿到美国的绿卡，看上去挺不容易拿到，但也不是没有机会。对一家企业来说，人毕竟是跟着业务走的，业务前进，人就安心一些，稍有不顺则战战兢兢、如履薄冰。

当然，这不耽误他在美国成家、买房、生儿育女。一家子现居住在美国，其乐融融，克服了初始的不适和困难，现在比正宗的美国人还适应美国的方方面面。

12岁的儿子从美国出生到进入幼儿园、小学，以及即将到来的中学，一直坚持在美国念书，8岁的女儿也是这样。他说，常年待在这边工作，娃们跟着在这里长大，都适应了这边的生活，教育也就优先安排在这里了。

他接着说，现在最担心的就是，说不准哪天被公司叫回去，最受伤害的可能就是俩娃了，一直期待公司能给个可靠的说法，让他安心。我问他：“你在美国这么久了，从“衣衫褴褛”打江山开始就在这里，熟悉了商业上的一切，可谓公司海外战将中的元老，公司方面应该不会轻易换人。”他猛吸一口烟，幽幽地说：“难说啊，在确定的消息出来之前，一切都是未知数。”

故事三

同学Tiger毕业后进入了一家知名的家电生产企业，在国内待了5年后，等熟悉了工厂生产运营的一切业务，响应公司的动员，被派往南非，承担在当地建立新工厂的重任。

笔者曾问他：“南非很乱的，我知道你胆大，但你有没有想过“壮士一去不复返兮”的最坏结果？他当时很坚定地说：公司需要我，别人都不敢去，我就要试试！尽人事，听天命吧。”

真的勇士，敢于直面淋漓的鲜血。此话不假，而我们预料的危险场景，他也一个不落的都赶上了。身为家电公司开拓南非市场的先行者，他待在南非超过了10年，儿女双全，举家定居在当地。

10来年间，他在南非先后辗转几个城市，从家电工厂的生产运营到南非制造公司的全面管理，历经艰辛和酸楚，分别经历了人生中最惊心动魄的事件，包括盗贼入室遭抢劫、工人罢工闹暴动、黑帮持枪威胁等危险情况，像极了电影中的镜头，听上去就令人心惊肉跳。

而这居然是真实发生的场景。我们都问他：“你不怕吗？你是怎么坚持下来的呢？”他骄傲地说：“说不怕是假话。能坚持下去，一是因为我感到怕的时候就一天天的熬下来，二是因为情怀——我答应过公司一定要把南非工厂建立起来正常运转，三是因为超越自我——若冲不过去南非的重重困难，出国一趟都是白费，无颜面对‘江东父老’。”

○ **几个故事分别代表了中国企业“走出去”相对成功的范例。除了攻克业务上的难关，保障企业经营的顺利开展，他们还要克服当地的生活不便、文化碰撞、沟通障碍等不利因素。**

○ **现如今驻外人员的家庭团聚已非难题，但随迁子女的教育发展更是不容回避的“硬核”问题，越来越成为国内企业“走出去”必须面对的重大课题。**

国际化人才，内“用”外“换”助发展

风水轮流转。改革开放四十多年来，中国市场在经历了打开国门、迎接跨国企业来华经营的“请进来”阶段之后，当下主流的趋势则是中国企业壮大之后必然“走出去”，参与国际竞争。

从国有企业到民营企业，从传统产业到新兴产业，越来越多元的国内企业，开始了国际化经营的征程和跨国人才的发展之旅。

过往十余年间，中国企业掀起了一轮又一轮“走出去”的热潮。总体而言，“走出去”的效果并不乐观，相较预期还有很大距离。来自世界银行的调查显示，中国企业海外投资项目1/3左右是失败的。究其主要缘由，反观企业内部，还是“人”这个第一变量没有跟上。

这便引出了一个结论：大部分国内企业在“走出去”的过程中，最大的内部挑战是稀缺国际化人才，尤其是既懂专业技术，又熟悉国际业务，更具备跨文化管理经验的复合型人才。

我们再看曹德旺带队出海建厂的曲折历程，以及笔者几位同学们经历的海外故事，不难发现，国际化人才的跨国经营远比开展国内业务复杂得多，不仅要求专业过硬、业务熟练，还要求体能强健、胆识过人，更要求跨文化管理水平高超、家庭因素不掣肘，起码不丢分，能达到如此任职资格要求的国际化人才从哪里来？

这对国内已经或正在“走出去”的企业来说，几乎都是一个探索、试错的阶段——很少有一个人才天生就适合驻外，无非都是一个从无到有、逐步到位的过程。

鉴于此，笔者提出了一个基于双向赋能的国际化人才培养模型：组织赋能侧重于企业内部赋能即自上而下的释放权力，加上自我驱动、自我激励的自我赋能，便构成了企业中的内部赋能。

还有一种由外而内交换正能量的外部赋能。而内部赋能，对应方案称为“以赛代练”，处于“阴位”；企业外部赋能，对应方案称为“跨界交换”，处于“阳位”（见图1）。

图1 双向赋能的国际化人才培养模型

1.“以赛代练”是国际化人才发展路径的内部赋能

“以赛代练”来源于运动训练学领域，即以比赛代替训练之意，以比赛来发挥促进训练和提高成绩的作用，通过实际大赛来磨炼运动员的胆识、经验、心理承受能力，使运动员全方位提高运动训练水平，并在短期内获得优异成绩。优秀田径运动员刘翔和网球运动员李娜是这方面的最好案例。

引申到企业国际化人才管理领域，无疑对人才的培养和发展具有现实的借鉴意义。

对比运动场上以赛代练出来的成绩，职场上的“以赛代练”赋予企业国际化人才同样的“经验、胆识、心理承受能力”，恰如我们常说的“讲千遍万遍，不如亲自干一遍”来的快捷实用——“以战养人”，在战斗中学习战斗经验，积累打胜仗的要领和方法。

“以赛代练”在企业里的运用可以概括为“给予机会、释放权力、大胆提拔、鼓励决策、果敢行动”，本质上就是唤醒人性，激活潜能（见图2）。

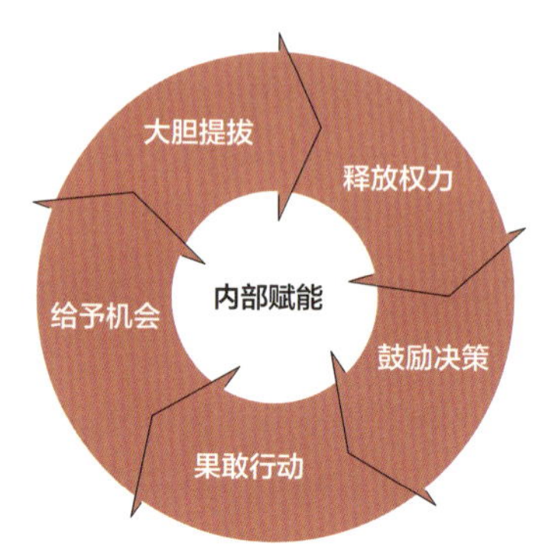

图2 “以赛代练”循环赋能国际化人才发展

其中，给予机会、大胆提拔、释放权力、鼓励决策是组织自上而下赋能予人才；而果敢行动则是自我驱动、自我激励的自我赋能。

组织赋能与自我赋能双管齐下，国际化人才获取了能量，在企业跨国经营过程中就转化成了企业的整体产出，同时，这个过程也充分满足了人才的个性诉求、实现自我的职业发展。

我们知道，企业要成功走出去，优秀的国际化人才必须到位。一方面，国内企业总是要求“完美”的国际化人才，既不现实也没必要；另一方面，任何岗位的人才都有不足，企业主要是用其长处，针对国际化人才的培养和发展，要敢于放手，通过“以赛代练”的方式助其快速成长、独当一面。

况且，自古皆有“将在外军令有所不受”的传统，复杂的驻外环境必然要求灵活的人才管理方式，而“以赛代练”恰能切中肯綮。

华为倡导的“训战结合”模式，同“以赛代练”赋能如出一辙，就是其驻外军团所向披靡的法门所在。而笔者以前从事农产品出口贸易时，常驻泰国的同事就经常向笔者抱怨“公司不放权，这边没有自主性，啥事也做不了”，这在流程上也影响了我们在当地业务的高效开展。

2.“跨界交换”是国际化人才发展路径的外部赋能

人才“跨界交换”的说法，来源于各个国家大学之间开展的国际交换项目和如足球俱乐部之间开展的转会、租借等操作。而在企业国际化人才培养中，人才“跨界交换”不仅可行，而且非常必要。

一方面，企业的国际化经营面临较大的空间转换和文化迁移，国际化人才迫切需要一种流动的机制，用以缩小时空差异和跨文化沟通障碍。

另一方面，企业里的人才，特别是多年待在一个组织里的人才，由于“自我能量”有限，渴望走出去、找机会到别的环境里去看看和体验，而企业产生跨国经营的人才需求，往往都是现抓现用，缺乏前瞻性的、有计划的培养和布局。可以说，提前布局，进行“跨国交换”则可以有效解决这一难题。

具体地说，可以分为三种情况，分步实施。

一是在企业开展国际化经营的前期，内部选拔合适的国际化人才到国外适应一段时间，从几周到几个月不等，相当于驻外人才的适应性训练。

二是在企业海外经营的中期，适当多派出一些从事内贸内管的人才到海外去历练一下，找找感觉，体验一下异国风俗，增加一些跨国经营的感悟和经验，以此形成正向循环，提升团队整体的国际化视野和阅历。

三是邀请当地的员工到国内来学习技能和经验，并体验中华文化的强大魅力，增强海外雇员对雇主的认同感和团队凝聚力。有来有往，不同领域的跨界碰撞，才叫“交换”。

在电影《美国工厂》里，特别提到几个细节，曹老板不仅派中国人到美国工厂去工作，也邀请美国工厂的优秀主管和个人到国内工厂交流学习，感受不一样的国度风情。

通过彼此交换式的体验，使国际化人才流动起来，助力现有问题的有效解决。笔者认为曹老板做得还不够，应该加大力度，促使国际化人才“跨界交换”高频的发生。尽管会产生较多的费用，但总比经营过程中无谓损失好得多。

以赛代练，侧重于企业内部之“用”，用则进，废则退；跨界交换，侧重于企业外部之“换”，换则通，通则久。以赛代练和跨界交换构成了人才成长路径的赋能模式，是笔者推荐的国际化人才发展的重要方案。

两者各成体系，可以独立发挥作用，但又互相补充，共同作用构成一个国际化人才发展路径的完整体系（见图3）。这个模型重点解决中国企业“走出去”却已失败或跃跃欲试即将跨国经营面临的问题。

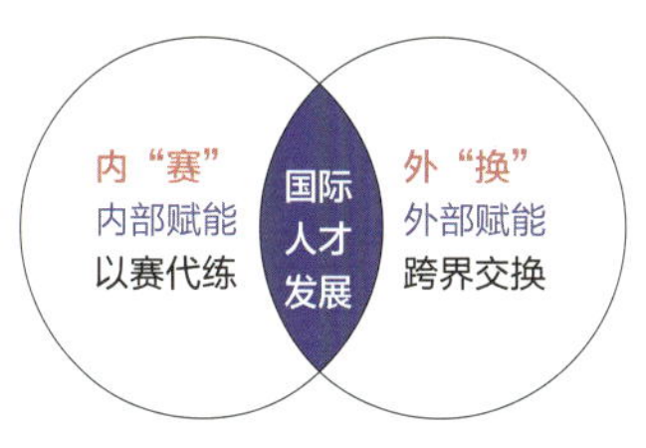

图3 国际化人才发展路径的内“赛”和外“换”

国际化人才，系统机制是关键

无论看曹德旺的跨国经营，还是其他企业发展的全球化，如笔者同学所在企业的海外投资案例等，中国企业“走出去”，首选就是优先从国内挑选精兵强将派出去，驻外打江山，就像当年欧美的跨国公司进驻中国一样，派人过来发挥人才杠杆效应，寥寥几人就撬起了本土数十、数百乃至数千号人马。

如此经典的人才配置机制，关键点是要解决国际化人才“选得出”“派得动”“用得好”“回得来”“收得拢”这五大环节的问题。从体制机制、制度流程上确保外派的“国际化人才”来去从容、安得其所。

不难看出，这个运营机制其实是个闭环，从正向上看环环相扣，逐级递进，有进有出；反向上又形成了层层制约，企业在个别环节做不到位，便会产生负面问题，不仅阻碍后面环节的推进，还会反向影响前面环节的调动。

1.“选得出”，至少有三方面的内容需要考虑

第一，从业务需求看，企业需要制订短期和中期的人力资源布局规划，即为确保跨国业务高效开展，公司需要的职位和能力素质标准是什么样的？分布在哪些国家？数量大约有多少？

第二，从运行成本看，企业用于外派人才的人工成本预算是多少？人才效能及其人工成本的回报率怎么样？早期和中期的差异还是比较大的。

第三，从人才选拔看，是否要未雨绸缪，尽早建立国际化人才梯队建设或储备体系？选用人才路径是立足于内部培养，还是外部引进？笔者建议以基于共同价值观的内部培养为主，以赛代练、辅之以其他手段就是好方法。毕竟鸵鸟不能上树，内部培养有时候等不及，高端人才避免不了外部引进这一捷径。

2.“派得动”是企业在有足够配套的激励机制下，员工愿意被外派

为此，从企业角度看：第一，充分研究派驻国雇佣合规风险，包括入境与居住、签订雇佣合同、安排劳动关系等。第二，设计合理、符合国内外市场惯例的薪酬福利制度，即在预算可控的前提下，设计构建有吸引力的外派人员薪酬福利包。当然，既要平衡企业内部员工的报酬差异，又要平衡外派员工在不同国家的报酬差异。

从员工角度看，要帮助员工理解外派对其职业发展的影响，明确公司如何从制度流程上保障他们在境外的安全、医疗保险、突发事件处置、财富养老以及子女教育、家属随迁等，让他们安心外派、无后顾之忧。结合笔者几个同学的多年驻外经历，这些都是要重点关注并可落地的实质内容，如果做不好，除了令驻外者心寒之外，会极大影响海外发展的收益预期，很可能得不偿失。

3.“用得好”，既能达到用人预期，又能产生积极的溢出效应，养成更多适用的国际化人才

先是指即使“将在外”仍心系祖国的母公司，不因外部的诱惑因素或在当地触景生情而“移情别恋”，要心无旁骛地认真履行职责；后才是关注外派员工的绩效反馈，以及他们是否能够有效融入当地团队的支持体系等。这要求公司多管齐下，协力保证“用得好”，效果出得来。

4.“回得来”，即回任管理，驻外人员多数都是要回来的

应事先明确外派人员归国路径，有专项职位接应和安排，有效延展、运用他们在海外工作所取得的经验和技能，帮助其文化再适应，合理调整他们归国后的薪酬福利等激励体系，通过合理发挥他们的综合优势，如在不同领域担纲训练更多国际化人才的角色，帮助公司形成人才梯队。

5.“收得拢”，即有放有收，收放自如，出得去、做得好、回得来

一批批的外派人员都习惯于观察企业是如何处理前一批驻外员工回国后结果的。一双双眼睛都盯着呢，企业一旦处置不当，就会引发多米诺骨牌效应。

笔者几个同学的驻外经历就很有代表性，当公司没有统一明确的政策引导时，驻外干部“见异思迁”是必然的结果，往往是他们尚未回国，已然流失。当公司发现他们有“异动”时，即使强行召他们回国，回国后流失也是大概率事件。

筑巢才能引凤。中国企业全球化的成功实现，不仅在于拥有多少国际化人才，更在于是否搭建了主动培养人才、确保人尽其才、充分保障人才进出的管理机制。这种国际化人才管理的机制——包括但不限于“以赛代练”和“跨界交换”——才是驱动中国企业“走出去”的关键成功要素。

作为企业组织需要考虑通过什么来减少或消除人才外派安置中的障碍
公司高管也需要决定通过选择哪些人才流动安置方案的构成元素来加强员工的个人体验

国际化进程中如何设计面向未来的**人才流动安置方案**

张民（SIRVA） | SIRVA Relocation 中国区销售总监，拥有全球人力资源派遣服务行业近 20 年经验

53%

对于现代企业来说，停步不前就等同于倒退。在 SIRVA 发布的《2018 年人才流动促进企业增长报告》(*Talent Mobility for Business Growth —— Practices to Drive Organization Impact*) 中，53% 的受访者将组织增长列为企业的首要任务。

然而，在没有战略方案的情况下扩大内部运营并不足以解决这一优先事项并单独推动增长。当全球增长机遇出现时，企业要确保他的员工和流程方案都已经做好了准备。

人力资源的重新安置方案，包括他的政策框架、工作流程和服务配送模型，对降低成本、最大限度地提高员工本人及客户体验都至关重要。

有了合适的基础设施，无论企业的规模或管理复杂程度如何，人才流动方案都可以同时满足企业的组织架构及个人的优先需要。

在本文中，我们讨论的重点包含全球人才流动安置方案的演变；分析将人才流动安置方案与整个组织的商业目标和优先重点需求结合起来的重要性；概述一个面向未来的人才流动安置方案必要的组成部分。

正确认识全球人才流动安置方案的演变

2008 年的全球金融危机和之后的数字革命已经不可逆转地改变了商业世界。人才的流动安置和雇佣成本这些因素在维持一个企业在其核心市场的表现的同时，也满足了其海外扩张的合理性的需要。

结合专注在新兴市场基础设施建设，结果是形成了一个更广泛的愿意流动及重新安置的人才库，因为他们认识到这些外派的经验在职业生涯中的价值 。

此外，许多企业为了人才能在事业上进一步发展，需要其本身拥有在其籍贯以外的经验阅历。人才流动对组织、个人和员工体验中所起的作用因而受到越来越多的关注。

许多人将流动经验作为个人职业发展的重要机会，并享受短期外派的工作机会。

SIRVA《2018年人才流动促进企业增长报告》显示，超过41%的受访者企业预计短期的国际派遣机会将在未来的三年里持续增长。

作为企业需要考虑如何减少或消除人才外派安置中的障碍。公司高管也需要决定通过选择哪些人才流动安置方案的构成元素来加强员工的个人体验。量身订制出同时满足用人单位及员工本人的全球人才流动安置方案，对于人才外派安置的成功至关重要。但是企业的这一认知一直比较落后，直到最近才有所改观。

根据SIRVA《2018年人才流动促进企业增长报告》，超过56%的公司认为他们人力资源部全球人才流动安置服务团队的角色在过去两年发生了明显改变，具体表现在以下方面：

- 专注于通过人才重新安置部署来实现企业战略业务目标
- 要求最大限度减少因为不合规行为带来的法律风险
- 利用全球人才的流动性促进劳动力发展，真正认识到业务需求、企业目标和员工体验之间的关系，有助于设计和管理面向未来的人才重新安置方案

深刻理解让面向未来的人才流动安置方案与企业的业务发展保持一致的重要性

确保人才流动安置方案与组织的战略目标保持一致是至关重要的，这是使您的方案能够迎合未来需要的第一步，而这恰恰是许多企业所欠缺的。事实上，根据SIRVA的《2018年人才流动促进企业增长报告》，我们发现有超过37%的组织认为他们的人才流动安置服务配送模型完全或者明显偏离了组织目标。

解决这个问题意味着需要关注以下几个方面：

第一，保持企业内部文化的延续——如何保证员工感觉与您的企业文化紧密相连？在员工外派之前以及到达目的地后都同时与人力资源部门和领导团队保持紧密沟通，将有助于建立文化的连续性。

第二，提高人才重新安置方案设计的成熟度——在您的组织内部，相关政策和流程都应该以书面形式发布并经过充分沟通。如果发现您的方案被证明未能达到基本要求而失败，您需要重新评估如何来做相应的改进计划。员工本人以及用人单位的体验感受应该是该方案的优先考虑事项。

第三，明确利益相关者的角色和他们的参与投入——成功的人才流动安置方案需要有很多利益相关参与者才可能实现，这其中包括企业的内部管理层、后勤相关的合作伙伴，以及从出发地到目的地的各类服务供应商等。

人才流动安置是一个复杂的过程；人才流动管理团队以及合作伙伴共同协作，可以帮助辨别并最大限度降低违规的风险以及失败的客户体验。同时，确保团队有足够的能力来执行相关方案，这样才能成功。

如何设计落实符合需要的人才流动再安置方案——包含政策、工作流程及服务配送模型的设计

全球人才流动安置方案的设计融合了各种政策以及支持多种类型的搬迁移动的流程。该方案应同时满足用人单位以及员工本人的需求。如果一个项目不能包含针对用人单位和员工的类别、级别和交付手段的灵活性，可能很难达成整个项目方案的有效利用率和期望的满意度。

支持人才重新安置计划的管理和治理的服务配送模型也必须反映业务和被重新安置的员工的需求。SIRVA的《2018年人才流动促进企业增长报告》发现，超过56%的组织没有调整人才流动管理部门专业人员的工作量，以匹配他们管理的流动类型，这可能会导致支持流动安置活动的资源失调。

除此之外，成功的人才流动安置方案还可以让相关部门及成员和谐共处，鼎力合作，可以最大限度降低不合规的风险，有效地把人才与流动安置方案结合在一起，并能够充分利用数据的分析实现目标。

基于以上考虑，以下的一些建议可以帮助您去制订面向未来的人才流动安置方案：

第一，提前考虑您的人才流动计划初衷及要达到的目的。

是什么推动了您的人才流动重新安置的需求呢？人才流动性是否提供了一种吸引、留住或发展人才的方式？您的人才流动方案应该体现出其为被外派的员工及所在企业所提供的价值。

第二，先期评估特定候选人或原籍/目的地可能面临的搬迁挑战。

包括当地的就业趋势、房地产市场或政治气候等所有因素都可能对政策方案的制订实施产生影响，导致员工的转移安置或者是有价值的投资出现失误。

第三，建立政策框架时要考虑一定的灵活性。

成功的人才再安置方案可以切实帮助企业吸引和留住最优秀的人才，因此，用足够的灵活性来确保您的内部流程和安置预算在需要利用这笔投资时能够适用。

第四，设计过程中要迎合未来的发展趋势。

趋势 1

通过政策制订的变化来迎合灵活性。例如：考虑到与核心支持/弹性服务需要相适应的分层政策；把单独的服务转为捆绑的集合服务；让人才流动安置服务管理公司参与实施与业务相关的前期咨询。

趋势 2

对于人才流动安置的成本以及下游企业的收益透明度的要求达到前所未有的高度。

趋势 3

业内的科技发展正在通过不断地提升客户体验以及改善方案来扮演越来越重要的角色。

第五，选择适用的科技发展以提高企业及员工的感受度。

企业端技术应用：功能强大而使用简单，有充分的透明度，可以快速预测成本，清晰的费用管理功能，实时报告，个人信息的保护以及基于角色设置的安全

员工端技术应用：可以在任何时间、任何地点、任何设备上单点登录并对流程中的每一步进行跟踪管理

以上为您简单阐述了设计一款符合未来需求的方案需要关注的重点及形成条件，然而人才流动重新安置方案的成功不仅仅是设计。更重要的是调整您的全球人力资源流动安置方案来体现您的企业价值，确保流程、人员和技术都能支持长期的商业目标的实现。提供核心服务的支持(如保障跨境税收、跨境移居法规和相关保险安全)是确保人才搬迁安置合规的关键。通过提供核心服务以外的服务，比如家庭用品运输、临时住宿的安排等来尽量减少成功搬迁安置的障碍。

无论这些服务是通过内部员工还是专家合作伙伴来实现的，任何流动安置管理都需要专业技能。

当这些都准备就绪，您就可以专注于调整您的方案计划以更好地迎合企业商业目标的实现。

通过符合商业需要的人才流动方案来应对未来的增长

在最近一期 SIRVA 的员工价值主张季度报告中，超过 60% 的受访企业认为，全球流动性是企业商业竞争不可或缺的优势之一。

设计一个与您的组织机构目标相一致的、面向未来的人才流动方案，对于在一个日益多样化和富有挑战性的市场中保持竞争优势至关重要。它还将切实有效地帮助您的企业在全球化进程中，整装待发，迎接挑战，把握机会。

面向“一带一路”数字经济发展的出海人力资源服务探索
——优化人才布局，高效用工管理

“一带一路”数字经济的发展需要什么样的人才
这些人才具有哪些技能和特征
他们在不同行业、不同区域是如何分布的

杜云华 | 上海世智人力资源有限公司 CEO

数字经济已经成为继农业经济、
工业经济之后的更高级经济阶段
《福布斯》发布的 2018 年年度
全球数字经济百强企业榜单

汇聚了塑造数字世界的

互联网与软件、硬件、
媒体、数字零售和电信
领域的顶级上市企业

包括中国台湾在内
共 22 家中国企业上榜

“一带一路”
数字经济发展中
“走出去”的企业
会遇到什么样的问题

本土人力资源公司如何从人才布局、
合规用工、服务平台等各方面提供支持和协助，
值得大家共同关注，
并不断实践、思考、
探索和提高

《中国数字经济发展与就业白皮书（2019）》将数字经济分成数字产业化和产业数字化两大部分。发展数字经济，数字产业化是基础，产业数字化是手段，二者缺一不可。

数字产业化，也称为数字经济基础部分，即信息产业，具体业态包括电子信息制造业、电信业、软件和信息技术服务业、互联网行业等。产业数字化，指的是农业、工业、服务业等数字经济融合部分，以云计算、互联网、大数据、人工智能等新兴技术为代表的信息经济正加快推动数字经济与传统产业的融合创新。

如果说需求端的数字化转型主要依靠海量用户带来的数据红利，那么供给端的数字化转型更加依赖人才驱动，数字经济从需求端到供给端发展的过程中人才需求也越来越大，而培养具有数字化素养的人才已经成为推进经济数字化转型的战略基础。数字化信息已成为新的生产元素。

"一带一路"数字经济发展的人才布局

当前数字经济发展的一个重要特点是需求端的数字化转型在行业内已经具备良好基础，正逐步实现跨行业、跨地区的发展融合，但供给端的数字化转型还处于起步阶段，特别是制造、物流、外贸、医疗等传统行业的数字化转型仍有很大发展空间。

"一带一路"数字经济的发展需要什么样的人才？
这些人才具有哪些技能和特征？
他们在不同行业、不同区域是如何分布的？

关于数字经济需要的公民素养很多国家都有自己的研究、定义和总结。OECD 将数字经济所需要的 ICT 行业技能（即通信、信息、互联网相关）分为三类：**ICT 普通技能、ICT 专业技能、ICT 补充技能。**

总的来说，就是要打造数字人才金字塔，也就是底层是具备数字技能且能够直接工作在经济数字化转型一线上的技能型数字人才，中间是能推动各种 ICT 与传统行业融合发展的中高端跨界数字人才，顶端是战略引领和技术突破的顶尖数字人才。

40%

2019 中国国际数字经济博览会上发布的报告显示，中国依然保持全球第二大数字经济体地位，规模达到 4.73 万亿美元。到 2020 年数字经济将占中国国内生产总值的 40%。

“一带一路”数字经济发展的人才布局，需要从如下三个方面着手。

第一，了解所属行业、相关岗位及某类型人才的区域分布，尝试绘制全球化人才地图。

根据2018人才管理数字化报告统计，目前我国数字人才超过72万人，其中46.6%分布在ICT行业，20.9%分布在制造业，其余的分布在金融、消费品、医药等行业。

“一带一路”沿线国家的信息通信人才分布也差异较大，如印度的ICT人才高达656.7万人+，俄罗斯、德国、荷兰、意大利等欧洲国家分别有40万~60万人不等。当我们“走出去”时，一定要考量人员的储备情况，并且要从数量、质量、结构等各种维度来考量人才布局。相对来说，西欧和东南亚在数字人才的储备上相对高一些，如英国的数字化人才占总体人才的32.5%，菲律宾和印尼的数字化人才比例也很高，均超过了25%。

美国的研究机构Element AI预计全球有22000名AI研究者和工程师拥有博士学位，全球仅有3000名可用的AI人才劳动力，可见AI人才非常紧张，亚洲市场紧追西方市场，因此我们要提前培养，或者边“走出去”边培养。抢占了人才的领地，就抢占了行业的先机。

中国企业在“走出去”人才招聘中遇到的三个最大挑战，分别是薪酬福利竞争力不足、缺乏找到合适候选人的渠道、全球范围内公司的雇主品牌认知度不高。

第二，搭建立体式、全方位的吸引人才、招募人才的渠道，内部和外部资源相结合。

全球化布局，本土化用工，改一维度单向人才招聘为三维立体式资源配置。如图1所示，从原来东道国直接到第三国这样常用的派遣方式，扩展到可以从东道国、母国、第三国三位一体的交互式人力资源配置管理。

比如某中资企业需要在巴西找到一位懂葡语的跨境电商运营经理，除了在本地招募，也可以从中国外派，或者从其他葡语国家招聘。越来越多的企业在海外布局的时候会用到第三方劳务。

建立全方位的、整合式招聘渠道，通常包括参加线上招聘、线下活动、与专业供应商合作以及建立针对性的人才库或人才池（见图2）。

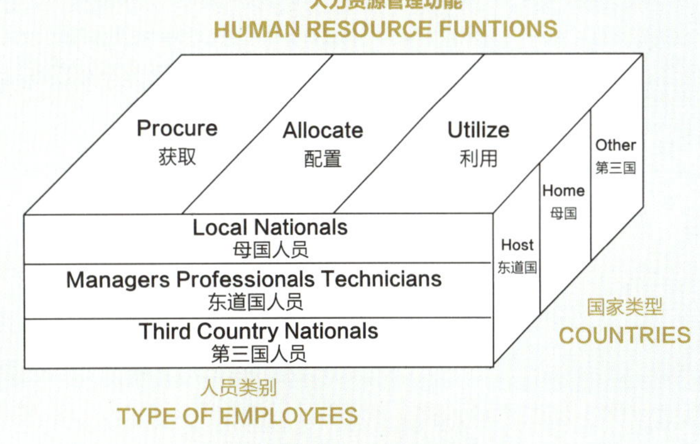

图1 交互式人力资源配置管理

图2 建立全方位、整合式的招聘渠道

第三，通过业务分析和人才规划，建立相对长期的、针对不同层级的人才培养体系。

谈到人才培养，针对中国出海企业的几类不同人员（总部人员、各类跨境人员、境外当地人员），我们这里重点关注的是三部分人才培养，在华外籍留学生作为储备的人才、行业领军干部作为关键岗位顶尖人才，以及对海外本地化产业人才的培养。

在领军人才培养方面，需要充分利用企业内外部的资源，特别是政府、教育机构的相关项目。

《“十三五”国际产能合作专项指引》(国发[2016]83号)相关规定，“以国际产能合作需求为导向，有计划、成系统地加快国际化人才培养。依托国家‘万人计划’‘创新人才推进计划’，加大对国际资本运作、跨国企业管理、新型国际贸易、国际法律咨询、国际商务谈判等紧缺人才的培养力度。

构建多层次的人才培养体系，充分发挥综合型大学、龙头企业、专业协会作用，开展各类国际化人才培训活动。深化产教融合、校企合作，对接国际产能合作重点领域，以行业为导向培养高素质技能型人才。加快培养使用投资所在国人才。”

越来越多的企业开始建立和完善自己的国际人才培养体系，通过学习其他企业的经验，引入全球适用的课程和师资，设计针对性的多元文化体验项目，不断尝试，在需要的团队逐步打造适合自己的、能支撑和引领业务发展的全球化专业技能和跨文化领导能力。

“一带一路”数字经济发展的合规用工

《开放新征程——德勤2018中国企业海外投资运营指南》显示，中国企业海外投资面临着三大挑战。

第一，风险挑战。包括政治风险、商业风险、税收/外汇风险、劳动法律风险和知识产权法律风险；

第二，监控挑战。包括国内外监控政策、检查和执法力度等；

第三，人才挑战。包括核心胜任力、全球人才布局、招聘渠道、薪酬待遇等。

2019年9月，江三角律师事务所组织的跨国企业（区域总部）跨地跨境用工法律风险调研，参与企业反馈域外用工的主要挑战还是法律不明显且法律查证难、跨境派遣员工的社保个税问题、外籍员工签证办理难及准入限制高等（见图3）。

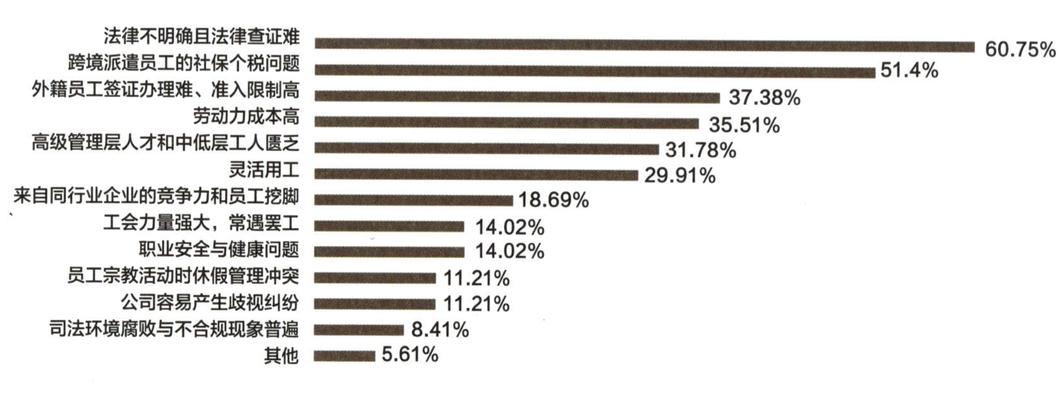

图3 跨地跨境用工法律风险调研

2018年11月9日国资委出台《中央企业合规管理指引（试行）》，2018年12月26日国家发展改革委等七部门联合发布《企业境外经营合规管理指引》，对企业经营提出了全流程、全方位合规的要求。除了国内的政策要求，域外多国也出台相关法律，要求企业自查经营管理是否合规。

企业"走出去"十大劳动用工合规风险，包括劳动法律尽职调查、用工模式选择风险、薪酬个税支付风险、工时休假管理风险、职业安全健康风险、反歧视与性骚扰风险、商业贿赂与反腐败风险、个人信息保护风险、解雇管理风险、工会等。

企业在"走出去"的过程中，不仅要解决国际化人才的短缺难题，同时也要在招聘过程中严格遵守东道国劳动法律法规，尤其需要重视国际化人才招聘环节和入职管理的合规化。

在属地化招聘过程中应当注意以下事项：

(1) 招聘的问题保持统一。

(2) 招聘书面文件不带歧视性用词。

(3) 不把歧视性因素作为选择员工的标准。

(4) 男性女性员工待遇平等。

(5) 注意招聘启示所用的语言。

(6) 可进行刑事背景调查，但不得询问薪资历史

一些出海企业，如软件和互联网类的，在初始阶段会通过自雇或劳务派遣的方式解决灵活用工问题，如果处理不当，在这个阶段会给企业总部人力资源部门带来很大的挑战和风险。

每一个出海的问题背后，可能都会包含关于当地雇佣法律、用工政策、人力资源管控流程和方式等各方面的知识点和信息内容。

常见的海外各国或区域在灵活用工的规定上，会禁止重复多次或长期与同一员工签订固定期限劳动合同，以避免无固定期限劳动合同；禁止固定期限劳动合同员工与无固定期限劳动合同员工不合理差别待遇。

企业选择派遣机构的时候也要关注当地要求。比如俄罗斯要求派遣机构具备专业资质，高于100万卢布的注册资本金，公司总经理需具有人力资源专业的高等教育证书和3年以上工作经验，且无犯罪前科和税务债务等。

同时，也不是所有类型的岗位都适合派遣，比如日本有26类的限制；韩国有32类的限制；印度禁止企业核心员工外包。

在"走出去"的过程中，企业可以通过设立包含总部管控、跨境用工、海外本地化三方面内容的全球可持续发展合规项目，完善集团合规管理流程，实现集团跨境用工和属地用工风险控制，推动人力资源的可持续发展，充分发挥出海企业在国家"一带一路"建设中的作用，提升国际竞争力。

"一带一路"数字经济发展的人力资源服务

人力资源服务本身非常需要数字化。传统的人力资源数据分析领域包括人才招聘、人才培养、薪酬福利等，如建立共享的薪酬中心等。但是近五年来运用数字化人才分析的HR增幅在一些新兴的核心领域高达200%~300%，如雇主品牌建设、人才规划、文化和多元化等。

当我们的企业随着"一带一路"走出去时，可能在多个国家都有布局，企业有成千上万的员工时，如何管理？如何更好地匹配员工与岗位？这时候运用数字化建立人力资源全球共享服务中心就显得尤为重要了，能帮助我们如何用好这些人才。

数字化人才服务应用还体现在很多方面，比如智能的国别法律信息查询、合同编写和管理系统、智能招聘和背景调查系统等。

据上海市知识青年联谊会与上海外服集团人力资

源发展研究中心联合组织的，对600家中国企业和跨国企业调研数据显示，中国企业“走出去”的主要驱动力是获取境外市场机会，占比40.5%；其次是参与承建所在国的基建类项目，占比17.6%；引进境外先进技术合作项目排第三，占比13.0%。

参与调研的426家中国企业数据显示，52.7%的中国企业表示正处于“走出去”前期调研及论证阶段，22.9%的中国企业表示正处于境外分支机构设立阶段，只有18.3%的中国企业表示其境外业务已经处于稳定运营阶段。

企业出海一般有工程承包、海外并购及绿地投资等三种方式。对于海外投资或建立分支机构类出海公司，出海的不同阶段面临不同的任务，需要的服务支持项目也不一样（见图4）。

不同类型和不同发展阶段的企业，根据自己的需求匹配不同级别的服务商（见表1）。

中国企业出海过程中，在搭建自己的国际化团队及寻求外部专业机构支持的时候，也面临很多挑战：

(1) 海外业务发展和调整快于内部团队对于海外政策及管理体系的学习、思考和准备。

(2) 业务涉及国别多样化，各个国家或区域发展要求和程度不一。

(3) 缺乏足够数量和足够技能的海外HR、法务团队。

(4) 海外业务或HR团队不稳定，缺乏海外经验传承体系。

(5) 缺乏对各国或区域劳动用工政策变化的及时跟踪和响应。

(6) 没有足够的时间寻找，或者没有足够符合中国企业实际情况的海外服务供应商

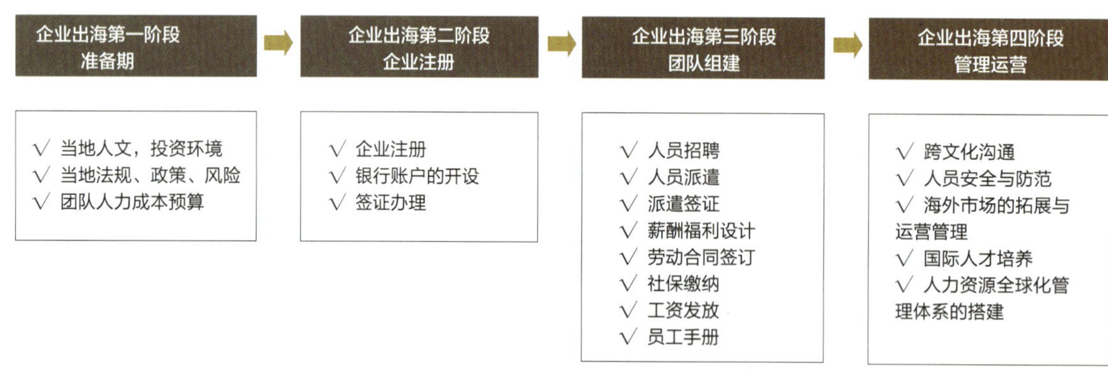

图4 企业出海的不同阶段

出海企业匹配的服务商类型

服务商类型	优点	缺点	适合企业类型
全球性	安全性高； 服务系统完善	价格贵；响应速度慢	适合对安全性要求高， 并且对价格不敏感的企业
区域性	安全性较高； 价格较适中	服务区域受限	适合区域性拓展市场的企业
当地供应商	操作灵活；响应速度快；对当地情况熟悉；价格较市场低	服务区域仅限当地	适合要求操作灵活的企业， 内部管理成熟度高

如何从0到1，从1到多，从多到优，逐步建立自己的海外专业服务供应商系统，并通过各类项目的合作，提升自己与供应商协同、鉴别供应商的服务内容和品质以及不断优化与供应商的关系，需要一个相对长期的过程。

目前针对中国企业“走出去”的出海落地需求，还需要政府、专业服务机构、企业和个人共同努力，真正立足本土企业，深耕海外服务领域，紧密伴随中资企业走出去的步伐，收集和研究出海服务案例，总结相应的服务模型，引入数字化、信息化、互联网化、智能化的现代技术，搭建便捷、高效、优质、完整的信息和对接平台，提供优质、持续的服务。

2018年，全球人力资源服务市场规模达到5026亿欧元，中国人力资源服务业全年营业总收入达到1.77万亿元，同比增长22.69%，连续三年保持20%以上的年增长率。中国人力资源外包市场规模增至1785亿元。

2019年10月30日，根据国家发展和改革委员会第29号文《产业结构调整指导目录（2019）》，“人力资源和人力资本服务业”第一次被列入到国家产业结构调整的鼓励类指导科目。

国内和人力资源海外服务市场，都有着非常大的发展空间，相对于国内3万家人力资源服务机构的竞争，海外市场相对空间更大，机会更多。

面对客户实际需求，如何打造“合规（法务）+成本（HR）+效率（跨文化）”一站式跨境人力资源综合落地服务和一体化解决方案，对于整个出海服务行业来讲，都是一个值得探索和不断尝试的业务实践与方案创新领域。

比如外籍在华留学生和青年国际人才项目，组织系列的“创业就业训练营”“走进使馆之职业发展及招聘对接会”“走进高校（如清华）之名企对话会”等链接政府、使馆、学校、学生和企业等活动，通过设计和实施企业HR端和高校学生端的系列培训课程，培育和引导整个国际人才用工环境的规范高效。

在国际化人才培养方面，如何整合资源，研究核心胜任能力标准，建立一套科学实用的经验和方法，通过在线课堂、公开课及企业级国际化人才培养全面解决方案，帮助“走出去”的中国企业提升人力资源管理团队和业务管理团队的国际化能力，最终帮助企业实现国际化战略的成功。

我们欣喜地看到，已经有越来越多的人力资源服务公司，可以提供不同的专项或整合的海外用工落地服务，并在不断努力和成长的路上。期待看到更成熟、更全面的海外人力资源服务生态链，通过大家协同分工，携手精进，助力和祝愿所有出海企业，每一次扬帆启航都能凯旋归来！

参考资料

《“一带一路”人才白皮书》LinkedIn（领英）制作发布。

《全球数字经济新图景（2019）——加速腾飞 重塑增长》中国信息通信研究院 。

王天怡，企业“走出去”招聘阶段的常见问题，劳动法规第90期。

面向“一带一路”建设的国际工程项目施工管理人才胜任力结构研究

黄春蓉 | 副研究员，硕士，从事大学生就业工作
彭黎明 | 助理研究员，硕士，从事大学生就业工作

中央企业在“一带一路”基础设施建设中发挥着重要作用，但国际工程建设面临的最重要的问题是缺少适应国际工程建设需要的高素质人才。本文根据对某中央企业国际工程施工项目相关人员的调查反馈，进行了国际工程项目施工管理人才胜任力的构成要素和维度的实践性研究和分析，提出了国际工程项目施工管理人才胜任力是由基础性胜任力、国际化胜任力、发展胜任力三类组成的拱门形结构模型。

2013 年，习近平总书记提出了共同建设“丝绸之路经济带”和“21 世纪海上丝绸之路”的倡议，“一带一路”合作重点是实现“五通”，即政治沟通、设施联通、贸易畅通、资金融通、民心相通。

2019 年 4 月在北京举行了“第二届‘一带一路’国际合作高峰论坛，”习近平总书记提出高质量共建“一带一路”，推动世界经济强劲和包容增长。同时指出，基础设施是互联互通的基石，也是许多国家发展面临的瓶颈。建设高质量、可持续、抗风险、价格合理、包容可及的基础设施，有利于各国充分发挥资源禀赋，更好地融入全球供应链、产业链、价值链，实现联动发展[1]。

中央企业在“一带一路”建设中发挥的作用

目前，“一带一路”倡议已得到国际社会的普遍认可，特别是“一带一路”沿线国家的积极响应。国务委员兼外交部部长王毅在介绍“第二届‘一带一路’国际合作高峰论坛”成果时谈道，已有 127 个国家和 29 个国际组织同中方签署了“一带一路”合作文件，中国和有关国家形成了 283 项的成果清单，同有关国家签署了中缅经济走廊、中泰铁路等一系列政府间务实合作协议[2]。

据国资委网站相关文章介绍，2013 年至 2018 年，中国企业对沿线国家直接投资超过 900 亿美元，在沿线国家完成对外承包工程营业额超过 4000 亿美元。到 2019 年 4 月，中央企业在“一带一路”沿线实施了 3120 个项目，项目分布在基础设施建设、能源资源开发、国际产能合作、产业园区建设等各个领域。已开工和计划开工的基础设施项目中，中央企业承担的项目数占比达 50% 左右，合同额

占比超过70%。在“第二届‘一带一路’国际合作高峰论坛”期间，至少17家中央企业签约数十个项目，合同金额达到数百亿元。

由此可知，中央企业在“一带一路”建设中担任着先锋队角色。国务院国资委主任肖亚庆表示，通过参与共建“一带一路”，中央企业加快了自身国际化进程，带动了沿线国家和地区经济增长，也为促进全球化发挥了重要作用。今后中央企业将进一步契合当地发展需求，高标准高水平打造精品示范工程，努力实现互利共赢共同发展，模范履行社会责任，推动共建“一带一路”高质量发展[3]。

中央企业在国际工程建设中面临的问题和挑战

有数据显示，除股权投资外，中央企业在“一带一路”建设中工程承包占56%，海外并购占53%，海外投资、建设、运营一体化综合服务项目占51%[4]。大量的海外工程建设项目也给央企带来了诸多困难和挑战。首先是面临的市场环境发生了变化，自20世纪80年代初至今，国际工程承包市场出现了竞争激烈，利润下降、市场保护措施日益加强、承包项目由劳动密集型向技术密集型转化等特点。其次是因国情的不同而给工程建设带来的变化，由于“一带一路”沿线国家国情差异较为明显，与我国国内市场相比，央企在国际工程项目施工中不仅面临国家制度和政府执行能力的差异，另外由于政治、道德、宗教、法律和习惯以及工程项目施工规范和标准要求不同，还不可避免地面临施工规范、物资配件和设备采购、质量管理、环保管理、人员和安全健康管理、财务税收管理、合同管理、文件档案管理等各个方面的差异[5]。中央企业在多年的海外工程建设实践中，尽管积累了很多宝贵经验，但在一些项目的建设中也付出了代价，受到了教训。这些教训的背后表面上是对国际工程项目的风险、规则等诸多因素认识不清、把握不准，在遇到问题和困难时措施不力，实质上是没有一支强有力的国际化人才队伍做支撑。

习近平总书记在“第二届‘一带一路’国际合作高峰论坛”的主旨演讲中指出，我们要推动企业在项目建设、运营、采购、招投标等环节按照普遍接受的国际规则和标准进行，同时要尊重各国法律法规。要坚持以人民为中心的发展思想，聚焦消除贫困、增加就业、改善民生，让共建“一带一路”成果更好惠及全体人民，为当地经济社会发展作出实实在在的贡献，同时确保商业和财政上的可持续性，做到善始善终、善作善成。

建立本地团队、实行属地管理和本土化服务，帮助当地就业和技术水平的提升，这应该成为中央企业长期立足海外发展的基本策略。国务院国资委和中国社科院发布的《中央企业海外社会责任蓝皮书（2018）》显示，中央企业在“一带一路”沿线国家共雇佣当地员工36万余人，其中96%的中央企业海外机构已建立平等的中外雇员雇佣制度，76%的中央企业建立了培养与晋升的平等雇佣制度，75%的中央企业还建立了薪酬与福利设置中的平等雇佣制度。同时还对当地员工开展技术培训，培养当地管理人员。

因此，中央企业解决好国际工程项目管理人才短缺和能力不足这个最大困难，不仅能够加快各企业拓展海外业务的速度，而且势必会推动既有海外项目在施工进度、工程质量和投资收益等方面的高质量发展[4]。

国际工程项目施工管理人才的胜任力结构探析

基础设施工程建设涉及设计、施工、咨询、监理等各个环节，每个环节对人才的素质和能力都有不同的要求，在一定程度上，工程施工是形成实体质量的决定性环节，因此，培养具有全球胜任力的国际工程施工项目管理人才已经成为央企在“一带一路”建设中面临的最急迫的要求。项目部是企业履行国际工程施工合同的主体机构，需要各方面的人才形成和谐一致、高效运作的团队，确保施工目标完成。能够胜任国际工程项目施工管理的人才，仅仅具有丰富的国内基础设施施工的经验还远远不够，还必须具备在沿线国家和区域从业应该具备的知识、能力和素质。

据了解，中国中铁股份有限公司、中国铁建股份有限公司、中国交通建设股份有限公司等中央企业为适应国际基础设施建设市场以及企业自身发展的需要，在人才储备和培养规划中，将国际化工程管理人才作为重点培养的对象之一，同时与国内相关高校开展国际化人才定制化培养的合作，重点在强化学生国际化知识培养、工程技术提升等方面发力，着力培养一批“懂工程、会管理、外语好、商务精”的复合型国际化工程管理后备人才。

西南交通大学作为参与上述3家中央企业校企合作培养国际化工程后备人才的高校之一，已连续5年以“国际工程班”模式开展定制化的人才培养工作。另外，按照既有培养方案培养的学生能否胜任国际工程项目管理工作，也需要得到用人单位以及毕业生本人的反馈，得到工程项目实践的检验，本课题正是基于以上背景开展的研究[5]。

1. 国内工程项目管理人才的胜任力研究成果

李曼丽等的研究中谈道，中国工程专业人员所应具备的知识、技能以及品质按出现频次依次为：❶ 责任感、勤奋坚持（92%）；❷ 专业知识与通识知识（83%）；❸ 沟通和团队协作（81%）；❹ 探索性终身学习能力（76%）；❺ 写作技能与人文科学素养（62%）；❻ 身体强健、性格外向（43%）[6]。

孟繁等的研究中谈道，工程技术人员的职业能力钻石模型由人格特质、专业知识、工具运用、社交与沟通、学习能力等五个能力维度构成[7]。

陈国政的硕士学位论文研究指出，工程项目经理胜任因素分为知识与技能、态度与价值观、领导特质三个维度。知识与技能维度的胜任特征因子有目标管理能力、基本知识与素质、沟通协调能力、冲突管理能力；态度与价值观维度的胜任特征因子有事业心、责任感与诚信、竞争意识、人际关系能力；领导特质维度的胜任特征因子有判断决策力、影响力、情绪管理、团队建设、战略管理[8]。

2. 国际工程项目施工管理人才的胜任力研究成果

张兄武等的研究中指出，胜任“一带一路”倡议的建设工程国际化人才需具备三大核心能力，一是工程技术能力，二是胜任项目所在国的跨文化交际能力，三是创新创业能力[9]。

查建中在他的论文中谈道，美国的伍斯特理工学院（WPI）于1996年提出培养面向21世纪工程师的战略。他们认为，19世纪和20世纪上半叶的工程师是专业型工程师，以经验为基础，以动手能力强为特征，专注于技术工作，后期加入科学建模等因素；20世纪下半叶则是科学型工程师，以精通科学数学为特征，逐步加入设计和交流沟通训练。21世纪则需要企业家型工程师，他们应该：❶ 无所不知——能熟练找到有关任务的信息，并知道怎样评价和处理这些信息，创新型工程师必须能够将信息转化为知识。❷ 无所不能——掌握工程专业的基本要素，以便能够快速判断需要做什么，迅速获得所需工具，并能熟练使用这些工具。❸ 能与任何地方的任何人合作——具有沟通技巧、团队合作能力，理解全局以及现实的问题，能有效地与不同文化和学科背景的人合作。❹ 具有想象力，并能将梦想变成现实——具有企业家的创业精神，想象力和管理技能，能够识别需求、提出新的解决方案[10]。

3. 本课题的研究成果

本课题以国际工程项目施工管理人才及其胜任力结构为研究对象和研究方向，在综合相关学者对国内国际工程项目管理人才的研究文献和研究成果基础上，采用逻辑推导法来进行国际工程项目施工管理人才胜任力因素研究。首先选取某中央企业下属的部分单位开展了国际工程项目施工管理人员能力素质结构的访谈，建立了工作任务清单，对这类人才的胜任力因素进行了初步推导，得出了由37项因子组成的胜任力初步模型；然后以这37项胜任力因子为基础编制了调查问卷，向该中央企业下属9个单位的国际工程项目施工管理负责人和人力资源部招聘负责人共59人进行问卷调查，依据问卷调查的结果进行胜任力因素的重要性等级评定和排序，将国际工程项目施工管理人才的胜任力模型划分为基础胜任力、国际化胜任力、发展胜任力3个类别。

基础胜任力是指国内工程施工管理人才应该具备的通用性胜任特征，主要包括认知族、个人效能族、管理族、组织与服务族四个维度。根据问卷调查的统计结果，四个维度的特征因子和重要性的具体情况见表1。

表1　基础胜任力构成要素

基础胜任力维度	特征因子名称	特征因子描述	重要性排序
认知族	专业知识	具有与工程项目要求符合的精湛的专业技术知识，并能够在实践中不断学习新知识	6
	专业技能	具有与工程项目要求相关知识和技术的动手和操作能力	8
	归纳思维能力	能够把原始的、零散的材料经过加工归纳整理，找出新的解释或方法	24
	演绎思维能力	把复杂的任务系统地分解成若干可处理的内容	29
	创新能力	运用新的施工技术、新的施工工艺，提高项目质量降低成本	34
	信息技术能力	检索、评价和运用信息技术的能力	37
个人效能族	责任感	热爱自己的职业，有强烈的职业责任感，对项目负责	3
	承受压力的能力	遇到困难和突如其来的压力时能够保持冷静，能及时缓解和宣泄压力	8
	时间管理能力	严格遵循工程项目施工进度计划，合理安排时间，提高工作效率	11
	自信与意志	对处理各方面事情表现出自信的心理状态和坚强的意志	14
	写作能力	能够以书面形式表达主要观点，逻辑性强，有较好的理论性文章写作能力	32
	积极主动性	工作热情高、思想觉悟高，能很好地完成本职工作并能主动完成非本职工作，乐于帮助有困难的同事	15
	吃苦耐劳	能接受艰苦的工作环境和工作条件	22
	情绪管理	面对复杂的环境能有效控制负面、消极、不利于工作完成的情绪	22

续表

基础胜任力维度	特征因子名称	特征因子描述	重要性排序
管理族	质量控制	依照工程项目进度计划监控项目进度，工作严谨细致，保证完成工作的质量	2
	组织与执行能力	有效组织协调工程项目各利益方有序高效地开展各项管理工作，能够较好地贯彻执行相关计划要求	3
	沟通交流能力	沟通清晰简洁，能与工程项目利益相关者建立和谐、融洽的关系或联系网络	1
	团队合作	营造融洽的团队氛围，彼此相互沟通解决问题、完成计划	5
	抗风险能力	正确认识和预测工程项目风险，敢于承担风险并通过努力化解项目所面临的风险，对突发性事件能采取有效措施	8
	应变能力	当工程项目现场发生突发性安全质量事件时能快速做出反应并采取有效措施	15
	解决问题能力	能运用跨学科专业知识综合解决工程中的实际问题	17
	冲突管理能力	对工程项目各利益相关方出现的冲突问题能采取有效的解决方法	17
	独立性与协作性	能独立开展本职工作，同时能有效协调各相关方工作内容，积极配合他人工作内容	20
组织与服务族	组织意识	严格要求自己，以身作则，为组织的利益服务，必要时说服项目中的其他成员为了组织目标牺牲自己小团体的利益	24
	组织认知	了解自己所在组织的组织架构，认清权利关系，尊重企业的权威者	30
	客户导向	为业主提供最佳的专业服务，追求业主的满意并以此作为项目管理工作的中心任务	31
	影响他人的能力	严于律己，发挥个人的人格魅力在工作中占据上风，统领他人的能力	35

国际化胜任力是指从事国际工程项目施工管理人才应该具备的特殊性胜任特征，根据问卷调查的统计结果，特征因子和重要性的具体情况见表2。

表2　　国际化胜任力构成要素

类别	特征因子名称	特征因子描述	重要性排序
国际化胜任力	外语沟通能力	具有跨文化通识性知识交流能力及专业交流能力	7
	工程施工国际标准熟悉程度	了解国际工程标准规范和技术规范	11
	国际法律与惯例熟悉程度	对本行业在国际上的相关国际法律法规以及一些习惯做法和先例的了解、吸收	20
	跨文化理解与管理能力	对各国文化差异有敏感性，尊重、理解和平等对待文化差异，了解涉外工作礼仪，能与不同文化背景的人协同工作，实现团队和谐工作目标	24
	适应性	能够快速适应新的国际项目自然环境和管理氛围，顺利开展工作	28
	国际环境了解程度	对国际政治、经济、军事和国际工程行业发展动态的了解	36

发展胜任力是指对人才个体发展的潜力有影响的胜任特征，根据问卷调查的统计结果，特征因子和重要性的具体情况见表 3。

表3　发展胜任力构成要素

类别	特征因子名称	特征因子描述	重要性排序
发展胜任力	学习能力	制订有效的学习规划，有快速学习的能力和终身学习意愿	11
	爱国奉献精神	热爱祖国，能为国家和组织的目标牺牲个人利益	17
	成就导向	求知欲强，希望更好地完成工作，达到一个优秀的绩效标准	24
	知识面与洞察力	知识面宽，对科技发展、应用有敏锐的洞察力和预测能力	33

从国际工程建设现实需求分析，以上 3 类胜任力组成了以下的拱门形结构，如图所示。

国际工程项目施工管理人才胜任力结构模型

4. 研究结论及启示

在知识经济时代，人力资本不再表现为某种先天天赋，而是更多地体现为人的专业知识和技能。企业的类型不同，对人才的胜任能力要求层次也不尽一致。从上述研究结果可以看出，国际工程项目施工管理人才的胜任力结构更加多元，维度更加丰富，发展路径应该是从高组织胜任能力、低专业胜任能力的管理者或高专业胜任能力、低组织胜任能力的专业技术人员锻炼成长为高组织胜任能力、高专业胜任能力层次类型的企业型人才。因此，本研究具有非常重要的现实意义，这不仅对高校的人才培养提出了更高的要求，同时高校也可以依据胜任力特征因子重要性来开展教育教学的改革，通过完善人才培养标准、改革课程体系和教学内容、改进思想政治教育、加强校企合作等举措提升毕业生的隐形胜任力，更好地满足国家和企业发展现实需要。

参考文献

[1] 新华网．习近平在第二届“一带一路”国际合作高峰论坛开幕式上的主旨演讲 [EB/OL] .(2019-04-26).http://www.xinhuanet.com/world/2019-04/26/c_1210119584.htm.

[2] 中国一带一路网．王毅谈第二届“一带一路”国际合作高峰论坛成果 [EB/OL]. (2019-04-29).https://www.yidaiyilu.gov.cn/xwzx/gnxw/88458.htm.

[3] 国务院国有资产监督管理委员会网站．“一带一路”企业家大会 国资委主任肖亚庆和中央企业倡言携手共进深化务实合作 [EB/OL]. (2019-04-26). http://www.sasac.gov.cn/n2588020/n2877938/n2879597/n2879599/c11111346/content.html.

[4] 王文博．央企共建“一带一路”走深走实 [N]. 经济参考报 .2019-01-22.

[5] 宁俊云．国际工程和国内工程的差别 [EB/OL]. https://www.taodocs.com/p-121454038.html.

[6] 李曼丽，王宇鸣，李长海．现代工程师的胜任力及其高等教育准备——来自“青藏铁路工程”技术人员的质化研究报告 [J]. 高等工程教育研究，2009（6）：16.

[7] 孟繁等．工程技术人员的职业能力构成与标准探析 [J]. 高等工程教育研究，2012（3）：100.

[8] 陈国政．工程项目经理胜任力模型研究 [D]. 长沙：中南大学，2008.

[9] 张兄武，谢冉．服务“一带一路”战略建设工程的国际化人才培养研究 [J]. 教育探索，2016（11）：96.

[10] 查建中．面向职场情境的工程教育改革研究 [J]. 高等工程教育研究，2017（2）：64.

大道至简，实干为要
——中国铁建房地产集团有限公司党委书记、董事长吴仕岩专访

构建生长“未来人才”的生态
——沃尔玛中国高级副总裁方晓峰专访

Top Talk
2 高端访谈

管理是平衡的艺术
——蓝云 CEO 柯文达专访

人才驱动业务，创新领跑产业
——旅悦集团人力资源副总裁成锴专访

大道至简，实干为要

——中国铁建房地产集团有限公司党委书记、董事长吴仕岩专访

"做中国最具价值的美好生活服务商"——吴仕岩领导的中国铁建房地产集团有限公司作为前身是铁道兵、世界 500 强企业的中国铁建股份有限公司旗下的房地产平台公司，专注于房地产投资与开发，自诞生之初就与众多国有企业一样为我国经济社会发展和民生改善作出了卓著的贡献。

作者 | 本刊记者

"高人效、优配置"这同样是人力资源的目标。

加强党的建设，践行国企历史使命

吴仕岩表示，国有企业是我们党执政兴国的重要支柱和依靠力量，加强和完善党对国有企业的领导、加强和改进国有企业党的建设，是国企发展的根本。所以国有企业不但要努力提高对国家的贡献，党建工作同样要常抓不懈。

十二年来，中国铁建房地产集团对国家的直接利润贡献累计超过 270 亿元，为超过百万业主打造了美好生活。辉煌的战绩在吴仕岩看来只是盈利水平和资产回报率跟上了民营企业和标杆企业，习近平总书记指出："国有企业是壮大国家综合实力、保障人民共同利益的重要力量，必须理直气壮做强做优做大，不断增强活力、影响力、抗风险能力，实现国有资产保值增值。"正是由于发挥国有企业党组织的

领导核心和政治核心作用，保证党和国家方针政策、重大部署在企业内贯彻执行，才让中国铁建房地产集团有限公司成立十二年就实现了从无到有、从弱到强的跨越式发展。

培养后备人才，推动国企良性发展

国有企业另一个功绩是为社会主义建设事业培养了大量的实践和管理人才，“企业的成就是在人才，一个企业把人用好，把人的积极性发挥出来、把聪明才智发挥出来，企业一定会好。”吴仕岩如是说。

中国铁建房地产集团有一个优秀的人力资源团队，他们的愿景是“为组织和员工持续创造价值劳动”。一直以来，希望企业的每一位员工，直到退休之前都会得到终身培养和关注。对此吴仕岩和他的人力团队采取了如下措施：

第一，改变了原来无精细计划、无培养目标的培养模式，与知名高校、培训机构合作，针对整个中国铁建房地产集团人才现状，从年龄结构、岗位结构、原始知识结构方面进行分析，为整个团队提出人才培养计划，为每一批员工制订专门课程。每次接受培训的内容因人而异，接受培训的时间也因人而异，分团、分批进行针对性培训，从通识培养到职业能力培养，同时根据员工的职务提升和工作岗位变化随时变更培训计划。

第二，改进了原有的师承关系制度，从集团公司现有的领导干部和业务干部队伍中选拔专业能力、综合能力较强的干部作为导师候选人。先向学员介绍老师的岗位、特长、履历等信息，然后由学员选导师，像大学教授培养研究生的模式一样双向选择。三年后研究生要毕业答辩，能不能毕业，不是导师和领导说了算，是集团组织起来进行考核，这三年里的进步有多少，业绩有多少。所以导师就要指导学员学习进步，创造业绩，让学员在工作中逐步成长。

吴仕岩表示，在中国铁建房地产集团，以前新入职的员工，来了以后按照分配，遇到伯乐，就飞速提升，没遇到伯乐，就原地踏步。名师带高徒，这样能避免一部分新入职的员工处于野蛮生长状态，在有科学培育的“实验棚”里面健康成长。老师也同样有奖励机制，三年以后经过考核合格，才给老师一笔培训费用，这样就会有更多的年轻人在导师的帮助下发挥自己的才智，走上更重要的岗位。

“留得住人才，才能打开企业的未来”。企业家要真心关爱员工，让员工有高于其他团队的收入，优于其他团队的上升空间。劳动、人事、分配三项制度改革始终伴随国有企业，“高人效、优配置”同样是人力资源的目标。

“干部能上能下”，不但在国有企业里面，其实民营企业也存在着同样的问题，上可以、下就很难，有着方方面面的原因。首先和国有企业里用人部门或者用人的人心理定位有关，不能克服怕得罪人的私心，而一旦因用人不力会造成更大的损失，损害企业的效益就是损害人民的利益、国家的利益。个人才是影响解决国有企业“干部能上不能下”的关键因素，因此主管部门或学员要权衡利弊放下思想包袱，要做到“无私而无畏”，坚决换掉影响企业发展的人，不打折扣地贯彻中央精神。

“收入能增能减”，国有企业另一个弊病就是分配制度改革不到位。中国铁建房地产集团同样遇到了效率与公平的双重挑战，归根结底还是在分配机制上，房地产板块在中国铁建股份有限公司整体来看，尽管利润贡献率占比较高，但是整个团队人数要比施工板块少得多，因此员工收入水平很高。吴仕岩说：“但是从房地产行业横向来比，铁建房地产集团的员工收入没有恒大、碧桂园这类民营企业高，也比不上保利、中海这类国有企业。因此下一步改革中要规避掉这种弊端，按照利润贡献率，在薪资上对特殊市场化板块有所倾斜。”

“员工能进能出”，在人才安排方面，以德为先，视能选贤，通过实际岗位考核、绩效、成果来决定人才上升机制。“企业内部尽量地给大家提供施展才华的平台，让年轻人有更大可能走上更高的领导岗位，有更大的舞台。”吴仕岩表示，真正优秀的人才会更在意向上的空间、发挥作用的舞台和更多挑战的机会。正是国有企业这种平台效应，吸引了一大批来自民企或其他国企的策划、规划、设计、营销、物业管理还有政工人才，为集团发展提供源源不断的动力。

国有企业对于人才的培养，吴仕岩深有体会，他自18岁参军加入铁道兵以来，1982参加工作，做了11年的房屋建筑设计，2007年进入中国铁建房地产集团公司，多年来接受党的培养，从一名铁道兵战士逐步成长为中国铁建的二级公司领航者。吴仕岩一直在国有企业里发挥着自己的聪明才智，在“小我服从大我”中找准定位，把党的意志、国家战略和企业发展统一起来，培育了尽心敬业的企业家精神，知危难、识时势、懂大局、谋长远，以党性原则家国情怀，强化实践真抓实干。

促进企业转型，实现国企创新改革

有人认为国企相对严谨的体制限制了企业的创新，而在吴仕岩看来，国有企业的体制并不是制约发挥创新实践的借口，企业发展依靠的是经验、胆略和创新能力。实践证明，国有企业本身有很多民营企业无可比拟的优势。

吴仕岩认为，首先党建工作始终是国企独特的政治资源，只能巩固不能削弱。在党的十九大精神的引领下，国企领导者要发挥“主人翁”意识，恪守国企干部底线，不断地寻找更加优化的工作方法和更加开阔的工作思路，越是攻坚克难时越要旗帜鲜明地加强党的领导。其次是信用优势，央企本就有无形的品牌文化价值，央企管理规范、遵守信用、兑现承诺，大部分是行业的组织者、领军者，可以较快地将信用资产转化为“结构资本”，低成本获得资源，以诚信为最大智慧赢得天下客户。

中国铁建房地产集团以中国人民日益增长的美好需求出发，构建北方、华东、华南、西南、华中、中南、东北七大区域公司，深化区域架构，统筹经营区域以传统地产开发为代表的所有综合经营性业务；围绕专业能力提升和业务模式创新设立战略咨询、创新投资、商业、物业、文化旅游、公寓养老和投资管理七大专业公司。同时，针对大型项目，成立若干由集团公司直接管理的二级项目公司，全程跟踪大型项目周期历程，以便取得更好的直接效益。以创新为根本动力推进企业发展，实现了产业结构的全面调整，由单纯的房地产开发公司逐步转变为现代化新型城市运营商，以 7+7+X 战略布局，企业服务能力和品牌效应得到显著提升。

承担社会责任，彰显国企担当精神

吴仕岩要求企业发展要与社会责任紧密关联，作为住房这一特殊产品的生产者，存在本身就是为了满足消费者安居乐业的需要，按照“房子是用来住的，不是用来炒的”要求，坚决不拿“地王”，不为追逐经济利益最大化而捂盘惜售，政策性住房建设项目占全部落地项目比例近 20%。

如何进一步落实好中央的要求，发挥房子居住功能，承担房地产价格均衡增长的责任？给产品赋予完善的综合社区物业配套功能，通过物业运营提升人民群众的居住、生活水平，满足人民群众对美好生活的向往。

中国铁建房地产集团最近几年开始对自 2010 年起交付使用的楼盘进行了分批提升，虽然花了一些成本，但从整体利益和长远利益上来看是物有所值的，提升了品牌效益，提高了在售房地产项目的价值，同时弥补了原有商品房的瑕疵。这从国有企业承担社会责任的角度来说也是应该提升的，作为一个企业家，作为中央企业，就是要有这样的理念，就是要有这样的担当。

租购并举的住房制度，是解决“住有所居”的重要手段，租赁市场的发展空间巨大，铁建房地产集团在养老公寓、青年公寓、健康养生公寓等产品中发挥专业性运营管理经验，多做持久型的项目，引导现代化的新生活模式，减少社会资源浪费，这不仅改变了目前被动地赋予商品房过多的金融功能，同时也提供了差异化居住需求，将成为业务发展新的增长点。

国有企业的发展同样要融入中国经济社会全面发展的大背景中，紧跟中国新型城镇化的主方向，成为中央战略的积极践行者。未来铁建房地产集团将由原来单纯的住宅地产和商业地产为主的二级开发企业逐步过渡为支撑城市全生命周期的服务商。围绕城市发展总体规划，发挥好团队的整体协同能力、资金实力和产业资源优势，把城市综合运营作为生产产品主要方向，使开发项目能够成为城市发展的有机组成部分。将城市的战略、规划、建设等城市运营的一系列内容与服务、金融、产业、内容、潜力等有机融合。大到城市发展定位和产业导入，小到城市道路、综合管网、地下空间利用等内容，最后到城市运营管理，实现城市的智慧发展和可持续发展。铁建房地产集团还将把饮水供给、污水再生、电力燃气能源引入和垃圾处理等城市支撑要素统筹实施运营，适应政府体制改革，成为政府购买公共服务的优质供应商。

吴仕岩总结说，中国铁建房地产集团有限公司将始终秉承“诚信、创新永恒；精品、人品同在”的价值观，“建造关爱人与自然的建筑艺术品”，以“为组织和员工持续创造价值”为人力资源愿景，大道至简，实干为要，不忘初心，继续前进。

构建生长“未来人才”的生态

——沃尔玛中国高级副总裁方晓峰专访

作为《财富》世界 500 强排名榜首的全球最大企业，沃尔玛对中国的消费者来讲并不陌生。这家在 1996 年就进入中国的零售巨头通过其品类丰富的商品、优质的性价比、便捷的线上线下全渠道和沃尔玛大卖场、山姆会员商店、沃尔玛社区店等多种业态为中国消费者带来“新鲜、省钱、便利”的服务，帮助繁忙的家庭提升他们的生活品质。

沃尔玛通过线下实体门店与线上电商渠道的整合，为顾客打造便捷的无缝购物体验。

成功的商业背后，沃尔玛在人力资源管理上的独到之处却不见得所有人都了解。沃尔玛把生意做到了全球 27 个国家和地区，全球员工超过 220 万名，它到底是如何运作的？它是怎么把握消费者最新需求的？在中国，面对新时代零售行业的剧烈变革，沃尔玛又是如何充分调动 10 万名员工的创造力，实现数字化和全渠道转型的？

近期，《CHO》采访了沃尔玛中国人力资源高级副总裁方晓峰，了解了沃尔玛在为顾客提供优质零售服务的背后，如何通过一系列的组织变革和管理创新拥抱新时代消费者的新需求。

到 2020 年，方晓峰已经服务沃尔玛超过 6 个年头了，他在 2014 年年初加入沃尔玛中国担任营运人力资源高级总监，2016 年晋升为人力资源副总裁，负责零售人力资源业务伙伴团队，2017 年晋升为沃尔玛中国人力资源高级副总裁，全面负责沃尔玛中国的

作者 | 本刊记者

人力资源管理战略制订和实施。

作为拥有超过 18 年管理经验的人力资源领导者，就职沃尔玛期间他主导了一系列的人力资源变革，包括公司人力资源战略规划项目，在优化组织架构和管理体系的基础上推行灵活用工与未来领导人梯队培养，并大力打造新时期的面对未来的雇主品牌，为沃尔玛在中国市场的长远发展奠定了坚实的人才基础。

与业务战略适配的人力资源战略

近年来，随着移动互联网的普及，消费者的行为和需求发生了巨大变化，人们的购物方式早就不再局限于“社区三千米”区域的线下消费了，雨后春笋般的电商平台让消费者稳坐家中就可以买到全球的商品。实体零售业在电商的冲击下谁先通过创新破局，找到新的差异化优势，谁就能在这个拐点上弯道超车。

在这个颠覆式竞争的新时期，沃尔玛大力推动业态变革和“全渠道”战略，围绕顾客体验来加速其业务模式创新，以进一步巩固其全球零售业领导者的地位。

沃尔玛通过线下实体门店与线上电商渠道的整合，为顾客打造便捷的无缝购物体验。2016 年，沃尔玛上线“京东到家”，多次成为平台单月订单量最大商家。2019 年 5 月，“沃尔玛到家”小程序正式运营，这是沃尔玛 O2O 业务、全渠道场景融合最重要的内容之一，目前“沃尔玛到家”小程序拥有注册用户近 5000 万。山姆会员商店通过不同电商板块为会员提供多场景服务：自营官网及 App 一小时极速达”、京东平台上的山姆官方旗舰店和全球购。沃尔玛社区店在售商品 6000 多种中有 4000 多种同步上线“沃尔玛到家”，线上销售占比已超过 30%。

全渠道的加速为沃尔玛中国带来强劲的业绩增长，2019 年前三季度总销售额增长 6.3%，同比增长 3.7%。2019 年 11 月，沃尔玛宣布在未来 5~7 年里要在中国市场持续加大投资，推进业务发展，新开 500 家门店或前置仓，并对超过 200 家现有门店进行投资升级改造。

方晓峰认为，企业的人力资源管理战略必须要与业务战略相契合，人力资源管理的使命就是为企业的核心商业模式去打造与之相匹配的组织能力，从而帮助企业赢得激烈的市场竞争。

方晓峰深刻地认识到，中国零售行业已处于一个颠覆式的变革期，随着市场的变化与商业模式的变革，企业从组织能力到人才发展，从用工模式到激励机制，从流程再造到架构设计，都需要进行一系列的变革，才能支持业务的成功。

沃尔玛中国的人力资源管理战略正是基于对业务战略的深入理解，从“人才、文化、效能”这三大维度展开部署的。

从人才角度，首先是界定新时期的组织能力需求，并将其转换为岗位画像与能力模型，并通过人才评估、选拔、发展和梯队建设的一系列项目予以落地。

沃尔玛是一家员工忠诚度很高的企业，全国400多位门店总经理平均工龄超过15年，实体零售管理经验丰富，但对于全渠道与数字化运营并不擅长，“店总”岗位能力升级对沃尔玛的业务转型非常重要。

2019年，沃尔玛中国推出了“门店总经理赋能项目”，该项目重新设计了门店总经理的能力模型，其中两个应势而生的新能力要求就是“数字化思维能力”和“变革推动能力”。

模型建立后，沃尔玛每一位门店总经理都要进行全面的360°评估，定位其短板，然后通过一系列的订制化培训和个人发展项目进行针对性的训练。与此同时，沃尔玛中国CEO亲自带领高管团队在全国各城市开展“聆听之旅”，面对面与门店总经理分享公司的业务战略，倾听大家的反馈与建议的同时，也巩固了全国各门店总经理对于业务变革和个人发展的紧迫感和使命感。

在对老员工进行培训升级的同时，沃尔玛也大力推动校企合作与管培生项目，提前布局，投入巨大的资源去吸纳与培养新生代的人才，以打造公司未来的接班人梯队。

讲到文化，沃尔玛素来以深厚的企业文化沉淀著称。公司创始人山姆·沃尔顿先生提出的“顾客为本、尊重个人、追求卓越、诚信行事”是每一位沃尔玛员工所奉行的价值观。

在业务变革转型的新时期，沃尔玛大力提倡“创始人精神”，通过一系列的简政放权与创新激励制度来鼓励变革并推行高绩效文化。2019年7月，沃尔玛中国总部正式改名为“沃尔玛门店支持中心”，再次强调了以客户为中心、以门店为中心的“公仆领导“文化。

与此同时，沃尔玛中国推出了新时期的雇主品牌

战略——“精彩从此开始”，围绕“机遇、包容、创新、关怀、使命”五个支柱来打造沃尔玛中国新时期的人才战略与雇主品牌。

高效供应链和成本管控是零售企业的核心竞争力所在，如何打造更加简单、高效与敏捷的组织，不断降低运营成本，提高顾客体验，对沃尔玛来说很重要。

新科技和大数据的应用重新定义了许多工作岗位，许多传统的依赖手工的工作（如收银员）逐渐被机器与系统替代，一些岗位消失了，但一些新岗位也随之产生，这对于人力资源管理者来说，都是巨大的挑战。

如何前瞻式设计新的工作，如何获取新的岗位能力，如何重新培训老员工并帮助其适应变化，这些都是沃尔玛人力资源管理团队关于“未来工作“的关注点。除了做减法，有些成本的投资收益则更为可期，比如投资于员工的数字化工作装备，能够大幅提升员工的生产效能。而在人才的培养与关怀上的投入，也会直接带来生产效率和员工满意度的提高，从而提升顾客的满意度。

我们的品牌承诺

无论你是谁，想成为怎样的人，
都能够在沃尔玛收获精彩

精彩从此开始

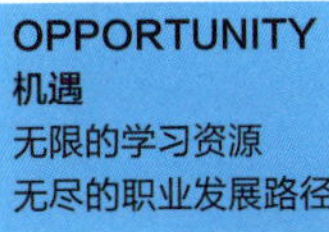

INCLUSIVITY
包容
从里到外
拥抱独特性

INNOVATION
创新
人才引领
科技赋能

WELL-BEING
关怀
收获更好的生活

PURPOSE
使命
回馈社会的中坚力量

数字化变革从思维模式升级开始

方晓峰清楚地了解，对于沃尔玛来讲，顺应行业发展趋势，进行全渠道、数字化的变革是毋庸置疑的明智选择。大数据、机器学习与人工智能的发展，可以帮助沃尔玛更有效地洞察消费者行为模式，了解顾客需求，掌握顾客痛点，从而通过持续的流程优化与服务创新来为顾客创造价值。

回到人力资源管理上，沃尔玛当前人才体系的优势在于其沉淀多年的、具有丰富零售经验的优秀团队，而面对的挑战也恰恰是如何推动这家庞大的组织及其10万名员工去快速适应变化，打破传统路径依赖，推动数字化转型战略落地。而这种组织能力的转型，正是方晓峰和团队要倾力达成的核心任务。

组织能力的数字化转型，最大的难点是培养数字化思维方式，同时将现有的工作流程转换为新的基于数据的数字化流程。这是一个全新的尝试，没有经验可以借鉴。这意味着从基础数据构架、业务流程再造、组织设计、人员招募、人员培养和发展，甚至是考核、激励和保留，都要围绕它来展开。

沃尔玛对于采购岗位的思考，就是一个很直观的组织能力数字化转型的例子。作为零售行业的核心岗位之一，目前采购人员40%的时间在从事供应商谈判、合同管理、门店的库存和补货，还有35%的时间需处理大量复杂的流程和行政性工作。

而对于数字化驱动的全渠道时代的采购来说，他们的角色将从商品专家转变为顾客体验的设计者，他们未来60%的时间将用于基于大数据的顾客行为洞察和业务策略制订，而大多数的行政性工作将被自动化与系统所替代。

这仅仅是一个例子，业务战略的转型需要组织能力的快速重塑才能跟上企业奔跑的速度，而这需要每个员工的思维模式、知识结构以及工作习惯的转变。为了推动数字化思维模式的转变，沃尔玛中国推出了“数字化领导力提升“项目，开发设计了涵盖“数字化思维、产品管理、数据决策、敏捷实践和顾客体验制胜”的一系列线上线下的评估、培训、实操、考核等项目，让公司各级管理层了解数字化趋势和理念，理解和活用其方法论及工具，来全方位推进数字化思维模式的转变和知识技能的武装。

具体到人力资源管理日常工作，方晓峰和团队也在严格秉持产品思维，针对顾客的痛点来寻找问题的解决方案。他要求人力资源团队把自己当成产品经理，把管理层、员工和外部候选人都当作自己的顾客，去深入了解顾客的痛点，以确保每一个人力资源政策和项目都成为一个优秀的“产品”，而衡量“产品”成功与否的唯一指标，就是其是否解决了顾客的痛点，是否带来顾客体验和满意度的提升。

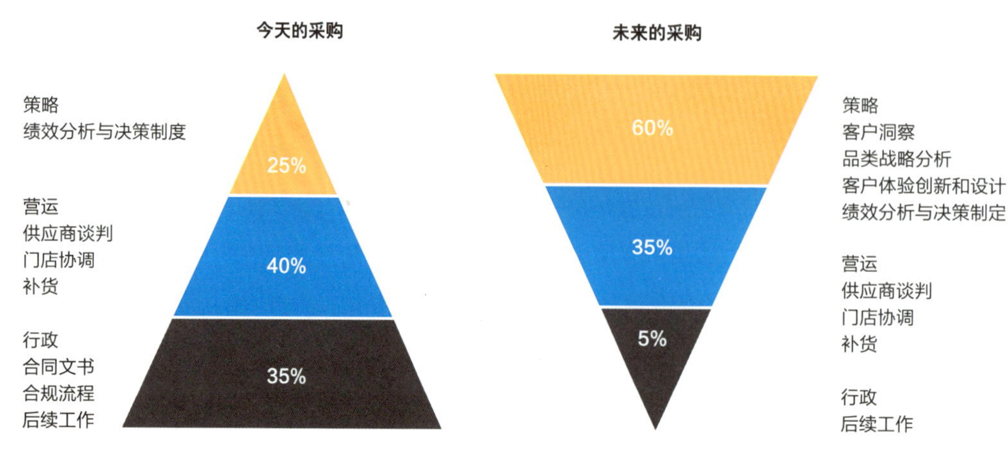

让人才在生态中自然生长

想要实现长效的业务转型与全渠道变革，持续的人才供给是最有价值的资源动能。尤其是知识型、技术型人才为企业带来的颠覆式创新是帮助企业实现快速迭代的鲜活能量。沃尔玛是如何通过人才的持续培养来推动企业的转型升级呢？

在内部高潜力人才培养方面，沃尔玛中国使用“3A 模型”（能力 Ability、敏捷度 Agility、抱负 Aspiration）来进行人才评估。方晓峰相信，在数字经济时代，优秀人才的标准是擅长跨界合作、对未知事物有着强烈的好奇心和快速学习能力、同时具有强大的内驱力和远大抱负，有着明确的目标与方向。

而公司所需要做的，就是通过科学的流程识别出这些人才，并为其创造一个最佳的成长生态环境。简单地讲，就是沃尔玛负责建生态、搭环境、给资源，然后让人才成为自己职业生涯的主人。

在沃尔玛，每一位高潜人才都有着清晰的订制化的职业发展地图，都配备了一对一的高管导师，都会被提供海内外跨部门轮岗或跨领域学习的机会，而每一次变化和选择，都通过了公司与个人的充分沟通，体现了沃尔玛“尊重个人”和“包容多元”的价值观，最后都实现了企业发展与人才发展的双赢。

沃尔玛中国的员工离职率远低于同行业其他企业，公司核心管理层也基本实现了人才本土化，在人才培养上的成功也使得沃尔玛在中国多次被评选为最佳雇主。

方晓峰认为，从长远看，企业的人才战略不应该局限在传统的“抢人才”或“培养人才”，应该将视野放得更加开阔。沃尔玛全球总裁兼 CEO 董明伦先生曾经提到，在万物互联的时代，一家企业不应该想着去独自打造和拥有一切，而是要以开放的心态去和合作伙伴一起共创互赢互利的生态圈。

这个理念不但展现在沃尔玛的商业策略上，也同样适用于其人才战略。2019 年 1 月，沃尔玛中国

正式启动 OMEGA 8——一个与中国初创科技企业共同快速成长的创新平台，以更为敏捷的方式与创业企业合作，探索前沿科技在零售行业的应用，在更好的服务顾客的同时，也为社会上的数字化精英人才提供一个世界级的平台，最终实现商业与人才发展的双赢。

在本次访谈中，我们感受到不管是方晓峰个人的发展理念和观点，还是沃尔玛的管理哲学，无处不渗透着“未来感”。当大部分的企业还在应对眼前的焦虑，或者身处“短期主义”陷阱时，沃尔玛的淡定正是源于这一“未来哲学”理念，这也是拥有历史沉淀的企业所拥有的商业智慧沉淀。

方晓峰认为，未来人才，或者未来的工作，其核心都在于前瞻未来，反思当下，并作出策略性的调整和布局。今天我们面临的冲击，其实是这一波科技迭代及由此引发的商业模式变革，而类似的变革，历史上曾经发生过，未来也将持续发生。

而人力资源管理的“未来感”，则是基于对未来发展趋势的前瞻，对组织体系和资源进行重新分配和排序，希望通过组织能力，文化和人才的重塑，能够跟随，甚至推动业务变革的成功。

沃尔玛对实体零售的转型变革也有着自己的理解。方晓峰表示，不管是过去还是将来，商业的本质都没有变化，零售也没有新旧之分，就是去不断与时俱进，为顾客提供最好的商品、最优的性价比、最便捷的购物渠道和最佳的服务体验。

其实真正翻新的是不同历史时期消费者的不同行为模式，这与社会、经济、科技的变化息息相关。不管面对怎样五彩缤纷的时代变局，沃尔玛的宗旨就是在潮起潮落中永葆初心，初心其实就是两个字“顾客”。以顾客为出发点，看清未来的趋势，不断升级组织能力以满足顾客的需求，为他们创造价值，而真正随着时代的发展在变化的，其实是“价值”的定义。

蓝云

管理是平衡的艺术

——蓝云 CEO 柯文达专访

世纪互联蓝云（上海蓝云网络科技有限公司），作为微软的战略合作伙伴，已在中国云计算市场精益深耕了 7 个年头。7 年间，这家颇具外企风范的高科技云计算公司已成为客户信赖的云计算解决方案和服务提供商，不仅为客户提供高效、安全、稳健的云运营服务；同时，在面向云时代的数字化转型过程中，蓝云基于对技术和服务的极致追求，也在为客户的选云、上云和用云提供全面、专业的解决方案和技术支持。

赋能云产品，繁荣云生态——蓝云始终积极推动云生态在中国的繁荣发展，也已成为中国云计算行业中无法被忽视的一个名字。

作者丨本刊记者

亚洲协会（Asia Society）设立的“亚洲创变者奖”，是全球首个专门表彰亚太地区创新领袖的奖项，举办以来获奖者包括马云、雷军、王石、张艺谋、柳青、贝聿铭等各行各业的领军人物，在全世界范围内掀起一股“创变风”。

创变，正在发生！

助力微软，构建云生态

2012 年 11 月，世纪互联、微软和上海市政府签署协议，在中国合作运营 Microsoft Azure 和 Office 365 平台。2013 年 3 月，上海蓝云网络科技有限公司（即世纪互联蓝云）成立。2014 年，世纪互联与微软联合宣布，Microsoft Azure 和 Office 365 正式在中国商用。

实际上刚开始，蓝云是为助力微软企业级云服务在中国落地而成立的。蓝云的领路人柯文达在微软就职多年，曾任微软全球技术支持中心亚太区总经理，领导一支位于亚洲 13 个不同城市、超过 900 人

身处这个机会无限的产业之中，蓝云显然怀抱着更大的梦想与野心

的团队，为微软亚太及大中华区的客户和合作伙伴提供客户服务及技术支持，并为微软美洲和EMEA（欧洲、中东及非洲）的客户和合作伙伴提供Web支持：包括商业战略制订、运营管理、客户满意度提高、商业计划和预算编制以及人员管理规划，并与Redmond总部及其他地区的负责技术支持的同人协同工作，为微软的技术进步作出过卓越贡献。但是，2013年，他却选择离开微软，加入世纪互联并创建蓝云，对此，很多人都颇感不解。

“其实我当初加入世纪互联，负责蓝云的筹建工作，也是因为微软希望将Microsoft Azure和Office 365业务扩展至中国。而世纪互联作为中国领先的第三方中立数据中心运营商，拥有强大的网络空间基础设施，这为微软企业级云服务在中国的落地提供了坚实的基础保障，双方的战略合作可谓是强强联手。同时，因为我长期在微软分管技术，对云业务的了解比较深入，也相对熟悉亚太地区市场。在这样一个契机下，我决定离开微软，加入了世纪互联，并创建蓝云。做这件事情，初心还是希望为云计算在中国的落地贡献一分力量。”柯文达说。

云计算作为专业性很强的IT领域先进和关键技术，离不开巨大的投资，在中国最初的发展脉搏颇难掌握。随着微软Microsoft Azure和Office 365两大业务在中国落地取得令人瞩目的进展，蓝云在国内的关注度也稳步上升，微软与世纪互联的合作方式，成为云计算领域中外合作的典范，被诸多企业复制和借鉴。

而随着业务的扩张，蓝云与微软的关系也在不断演化。身处这个机会无限的产业之中，蓝云显然怀抱着更大的梦想与野心。

柯文达表示：“没有云运维就没有云服务。我们一开始扮演的是微软运营商的角色，但随着业务的发展，蓝云期望能在云生态之中贡献更多的力量，提供更加完备的服务。因此，两三年前我们就开始探索转型之路，试图将生意越做越完整。”

如今的蓝云，已经搭建了一支近500人的云服务团队，在帮助客户上云和IT云化的过程中扮演了重要的专家角色。

蓝云承担的角色有三个。一是云运维专家，帮助已上云的客户提供国际一流的运维和支持服务；二是一站式云解决方案专家，帮助全球云解决方案合作伙伴和客户成功落地中国并顺利拓展业务，同时也将国外先进的云技术引入国内，借由蓝云自主研发的解决方案平台“云睐”，对接渠道和服务商，从而提升交易的便捷性；三是为企业客户提供混合云解决方案、多云管理及服务，做混合云服务的提供商。

开放文化焐热组织温度，精益求精凝铸核心价值

从微软到蓝云，柯文达的身份也发生了巨大转变。原本，他是负责微软技术线业务的高管，而今，他是蓝云的CEO、大管家。从线到面，一切都需要从零做起、重新搭建。对于新创企业来说，文化凝聚的重要性不言而喻。

不过，在柯文达看来，真正的文化不是标签，也不是口号，是真正在管理中浸润于每一位员工心里的公司基准价值观。对于蓝云来说，这个基准价值观就是公平、公开与透明。

从创立以来，蓝云在每一项业务中，在每一个管理流程中，不管是面对外部客户，还是内部员工，蓝云都坚持这样的价值观。虽然无形无象，但是已形成了蓝云的整体气质。由于没有条框的束缚，蓝云的文化更加开放和多元，以工程技术人员为主要班底的团队，反而呈现出一派生气勃勃的气象，这样的组织有温度，有生机，有希望。

不过，现在蓝云不断壮大，层级越来越多，柯文达觉得他难以直接接触到所有的员工，为避免蓝云这种公平、公开、透明的文化可能会被逐渐稀释的情况，他现在花很大的力气来做文化传递。

“我不断地向直接跟我互动的同事们传递关于文化的讯息，同时希望他们也能继续往下传递。但是，每个人的想法不同，比如说我们提出‘公平’这个词，每个人对公平的定义都有不同。所以，在文化方面，我认为在不偏离原则的前提下，每个人用自己的方式去诠释它，倒不是坏事，基本的原则和精神保持住就足够了。当讲到公司文化的时候，我最不喜欢的就是喊口号，我更希望每一位管理层人员都能身体力行，在行为、制度、沟通等方面将文化传递下去。”

谈到蓝云的核心价值观时，柯文达用了“精益求精”这个词。确实，无论是在产品、服务，还是在业务规范方面，蓝云无一例外都在诠释和体现着“精益求精”的精神。

组织与人一样，都是可以不断进步和成长的，如果一个组织停止了进步，那就失去了活力和弹性。柯文达说：“我一直不希望同事们盲目自信或妄自菲薄，我认为，保持平衡的心态是最重要的。做得再好，也一定还有进步的空间，我希望大家可以保持这个心态，倒并不是说我们永远要拿第一名，当组织中的人不再要求自我进步时，这个组织就离毁灭不远了。我常常和同事们说，一定要定期自我反省。另外，我希望大家尽量保持好奇心，很多时候我们会把结果视为理所当然，当你不好奇结果产生的原因时，思考就会受到限制。我想，通过思维方式上不断地学习和磨合，我们的文化和管理一致性才会比较高。”

开放文化焐热组织温度，平衡管理保持组织弹性

管理是平衡的艺术，与柯文达谈话的过程中，这句话始终萦绕在笔者耳边。

柯文达并不追求复制新兴的管理方式或追随经典的管理理念，他奉行的是自己行之多年、自成一派的管理风格。“通常来说，大概在每年十月，我就会梳理出明年的计划，通过与同事们反复地沟通、推敲，最终形成计划书，之后再同步给团队同事。但我并不是想形成一言堂，在下发计划书的同时，我会同时告诉大家，这是我们明年的方向，如果你们没有更多好想法，就请按照我的想法推进；如果有更好的想法，那么非常欢迎大家准备一个计划，在会上讨论。如果你的计划确实可行，那我们就按照你的想法做。”

很多的企业都在推行扁平化管理，但能像蓝云一样，将此应用在具体业务层面实践的公司，却不多见。这也是蓝云外企基因中自带的开放和平等精神所致。

但是，柯文达深谙平衡的管理艺术，他认为，一个团队就像一条生态链一样，不仅要有善于思考的，也要有乐于执行的。“有些人愿意想东西，那我们就给他一个机会，提出想法；也有些人不愿意做规划，但是他强于执行，那也是我们需要的。所以我们在面试时就聚焦于寻找这两类人，一个公司之中，什么类型的员工都有，才是最好的。”

雇主的认可程度一定不会太低。”

“我在鼓励员工时，常常会提到一个词：Technical Leader。我们公司大约有300名员工都是技术岗，既然我们是搞技术的，那你能否成为自己所在领域的前三名？当你成为这三分之一，你就成了一个Technical Leader。同时，我希望我们公司，也向着这个目标发展，至少在大部分人谈到云计算的时候，提起蓝云，都认为这是一家比较重要的公司。这是我们期望公司的外部形象。”

我从不排斥B player或C player

许多管理者都希望团队人才个个拔尖，但事实上，这并不符合组织构成的基本规律。在一个组织中，有思考者，有执行者，有拔尖者，有中坚者，才是一个完备的生态。并且，中坚的人数还不能太少。

“很多企业家会认为B player或C player不好，这点我倒不赞同。在一个组织之中，B player和C player其实是公司的中坚力量、主干力量，这不能用好或不好来界定。我们首先需要认识到，每一位员工都是独立的个体，他们各有不同的价值观和人生选择。有些人将工作视为生命中十分重要的事情，希望在职业道路上不断向上。但也有些人，他们更加追求人生的平衡，他认为除了工作之外，家庭、社交、生活也在他的人生中占有重要地位，不一定要将百分之百的时间花在工作上。这类员工可能只会在工作时间尽力，他们不见得工作可以做得多出色，但可以尽职完成，我认为也是可以的。像这种员工，你不见得一定要逼着他变成A player。我提倡尊重人性，尊重每个人的工作价值观。”

其实，对于绝大多数公司来讲，长久的成功，并不取决于有多少优秀拔尖的人才，更多的时候，是取决于有多少肯默默奉献、耐力苦战的普通员工，这正是人力资源管理的真正意义，你不是要选拔多么优秀的将领，而是要铸造一支铁军。因此，B player或C player，只要人尽其职，在团队中，其实同样精彩和光荣。

当谈及对于公司雇主品牌的期望时，柯文达表示，“我认为，员工的自豪感很大程度上来自他供职于一家成功的公司。如果员工没有感受到公司在业界的突出位置，不管你如何关怀他们，都是不行的。公司的良好发展，是建立优质雇主品牌的基准条件。此外，公司本身的活力也非常重要，中长期的时间段内，如果员工可以在公司里得到想要的挑战和成长，那他对

对于云技术来说，现在正是一个壮阔的时代，万物都在新的技术背景下迭代升级，行业正处于大爆发的前夜，而蓝云已经扎实耕耘多年，做好了迎接时代浪潮的准备。柯文达讲求平衡、适度与“无为”的管理艺术，既为蓝云奠定了雄厚的人才实力和技术实力，积蓄了向未来搏击的“硬实力”，也为蓝云奠定了自由、开放、平等的高技术云服务企业管理底色，具备了更加包容和融合的“软实力”，蓝云的明天，一定会在云计算行业中，高高翱翔于蓝天。

人才驱动业务，**创新领跑产业**

——旅悦集团人力资源副总裁成锴专访

背靠携程、去哪儿，“旅悦集团”以景区品牌连锁酒店为流量突破口，切入文旅产业，布局旅行资源整合平台。新的商业模式探索，终需依赖一整套与之匹配的人才管理体系。

旅悦集团人力资源副总裁 成锴

大数据思维不仅推动了业务，对旅悦的人力资源管理也带来了启发。

2016 年去哪儿网内部孵化了旅悦项目，之后业务独立，获得了携程的战略投资。三年来，旅悦发展出三大业务板块，酒店管理、信息技术服务和供应链采购贸易，2018 年 8 月又发布了“大管家智慧管理体系”和“花筑旅行 App”，意味着旅悦从原有的酒店业务，向文旅产业上下游进行业务扩张。

旅悦各项业务发展势头迅猛，现已覆盖超过 10 个国家的 60 多个城市，酒店数量达到了 2000 多家，正式员工数量增加到 1800 多名，而就在 20 个月之前，旅悦集团人力资源副总裁成锴加入时，所有员工加起来刚刚超过 200 人。这样一家生来带着互联网基因、奔跑在酒店旅游行业新赛道上的企业，如何从零起步快速搭建团队？如何以业务为导向，整合内部人员能力，快速有效支撑企业迅速成长？我们从成锴的“旅悦故事”中探寻其中的奥秘。

作者 | 本刊记者

因业务而产生的人力资源三支柱体系

“旅悦成立之初就定位在互联网领域和全球市场”，这是当时最让成锴动心的一点。随着移动互联网时代的到来，使得传统产业在线化、数据化、透明化成为趋势，对商业模式带来了巨大的颠覆，推动传统产业进行互联网转型升级，旅悦就是其中典型的一家。

互联网 + 传统酒店行业，新模式的开创和探索，亟须一套与之匹配的选、用、育、留人力资源管理体系的承接和落地，而市面上还没有可供成锴借鉴的成功模式，传统酒店行业的人力资源管理方案虽然发展较为成熟但不符合互联网灵活多变的特性，阿里巴巴、腾讯这样典型的互联网企业又缺乏酒店行业的实体性质，成锴只能基于自己的工作经验“摸着石头过河”。

“要让 HR 触达业务的最前线，成为真正的业务伙伴”，是他遇到的第一个难题。企业管理教父杰克·韦尔奇说过“人力资源负责人在任何企业中都应该是第二号人物”，但就目前的中国企业而言，多数人力资源部依然是“秘书”角色，真正把人力资源部当成“业务伙伴”的凤毛麟角。初创的旅悦，给了成锴足够的发挥空间，他果断决定引入三支柱体系，推动人力资源部从专业导向转变到业务导向。

成锴用了一个很有趣的比喻，“如果 BP（业务伙伴）是游戏中的角色，他需要跑在一线打怪，那 SSC（共享服务中心）就是 BP 的工具包，能让 BP 出手更快，武力更强，COE（人力资源专业知识中心）则是武器熔炼中心，为 BP 研究最先进最实用的武器装备。”

与客户密切接触，关注客户需求，实实在

在解决业务问题是成锴对HRBP（人力资源业务伙伴）提出的要求，他们直线向业务经理汇报，虚线向集团HR负责人汇报，其中绩效考核比例为6∶4。想要BP更好地服务于业务，那就需要先把他们从事务性工作任务中解放出来。着力提升运营效率，为HRBP解后顾之忧的是人力资源共享服务中心（HRSSC）的工作。员工服务系统信息化，薪酬福利，部分人才招聘培训等，这些琐碎的工作做到极致也面临许多挑战，比如在旅悦有不少外籍员工，他们在使用旅悦的员工信息系统时是否能像国内员工一样流畅，快速发展时期的旅悦，几乎每周都有小变动，每三个月必有一次大调整，如何让SSC这个运营管理中心适应变化，加速转动起来呢？一个“给力”的COE是解决问题的关键。他们专注于自己的专业领域，给出科学的人事测评、培训方案设计、合理的绩效管理制度设计、薪酬设计和调查，从宏观视角，为HRBP和业务团队提供定制化的解决方案。

成锴最初选择三支柱方案，是出于两个考虑，一是考虑HR部门离业务太远，可能听不见员工真正的需求，二是考虑HR部门即使了解到员工需求，也不能快速有效解决问题。而就目前的发展态势来看，HRBP成为人力资源部门和各业务部门经理沟通的重要角色，HRSSC“效率提升驱动器”的作用凸显了出来，COE在设计者、管控者和技术专家三种角色间切换自如，三支柱在旅悦不仅立住了，还稳住了。

大数据驱动下的运营管理

旅悦能取得相对稳定的入住率和营收，主要源于依据大数据的门店筛选机制。成锴介绍说，旅悦有一个自己的“阿拉丁”，也就是门店选址系统。借助集团的数据体系，根据城市热点分布图、评分等门店累计的营业数据来判定门店是否有上升的盈利空间，甚至能够细化到每一个区域的一个小街道，在哪一个时段游客

比较集中。同时，在打造旅悦会员生态体系时，也把大数据引入进来，对会员进行精细化管理。所以说，在开发、运营的两端，旅悦都充分发挥了大数据的作用。

大数据思维不仅推动了业务，对旅悦的人力资源管理也带来了启发。

首先是“人才盘点大数据”，通过对企业各部门各职位对企业发展所作的贡献进行科学统计，对企业未来发展的重点进行整体的把握，然后将数据通过云计算分析整理出所需要的人员数目和人员所具备的能力，最后产出企业人才数据图，对岗位和员工有更加全面地了解和准确地判断，让企业内部选拔更流畅。

另外，大数据还帮助旅悦在校园招聘中准确判断院校、专业。他们把企业内的员工数据进行盘点，比如员工来源院校，具体专业，在企业工作中的日常表现等多项维度的相关性，输出结果给招聘的同事，他们就可以根据这个数据调研报告来缩小招聘范围，精准地找到企业需要的校园人才，节约了大量时间。

大数据还可以科学地进行人才管理情况的反馈，旅悦每个季度有一次对各个岗位员工在职情况、工作状态、能力素质等方面的数据梳理，通过对比数据，复盘哪些关键动作能够激励员工。

大数据不只是一种技术，它还深度影响着旅悦人的思维方式和发展战略，对外，在制订增长转化的策略上扮演了重要角色，对内，通过数据获取、数据分析、数据赋能让组织运行的各个环节尽快获得强大的数据能力支撑，推动了旅悦的创新与变革，实现战略成长。

每个人都能“大声说话”才是真正的“旅悦文化”

企业在各个发展阶段都会面临不同的挑战，以生存为第一目标的初创期，成锴需要找到合适的“牛人”，充分激发他们的热情；在成长期，随着经营业务范围不断拓展，业务量增大，建设人才梯队和内化企业文化成为成锴的下一个任务。

旅悦有两张名片，一张是互联网，另一张是酒店，而且业务分布在全球，因此在企业文化方面，成锴需要解决两方面的融合，一是外籍员工在非本国工作场域的文化融合，二是来自互联网公司和传统酒店行业的两拨不同工作背景的员工职场文化融合。为此他梳理了一套“三步走”方案。

01

调整心态，迎接变化

过去的互联网行业常常强调一句话：天下武功，唯快不破。今天，这句话依然适用，但要加入一个注脚：全面拥抱变化。所谓“全面”，不单指企业要 360° 看到外部环境的转变，更要求内部全平台共同转型。这就要求业务先行的互联网公司，不仅要推动业务团队积极拥抱变化，更要推动作为合作伙伴的人力资源、财务、法务共同加强支撑能力，灵活调头。

成锴强调：“作为一家互联网公司，首先要有互联网态度，心态要阳光，灵活地去接受各种变化和调整”。只有做好这样的心理准备，才能以更好的状态来迎接变化。

02

营造平等开放的工作氛围

随着 90 后、95 后员工陆续进入职场，人才管理的刻度也在不断发生变化。过去，金钱、绩效是激励、留存员工的重要手段，但对年轻的高效能员工来说，单纯的金钱激励已经不足以实现驱动目标，他们更加注重成就感、愉悦感和自我价值实现。

旅悦有一项与众不同的制度，叫“大声说话”。走进旅悦的办公区，很快就会发现，除了部分会议室之外，整个办公空间都是全开放的，连 CEO 都是开放工位。任何一位普通员工都可以随时、轻易地与他需要对话的人沟通，完全扁平、不设障碍的对话环境，极大地激发了员工的自主性和积极性。

03

深入人心的旅悦雇主品牌

快速多变的外部环境，让用人留人成了企业的一大难题。采访成锴时，他刚刚参加完热门求职类节目《非你莫属》的录制，从人力资源部开始增加曝光，宣传旅悦雇主品牌，通过优质的雇主品牌建设提升品牌曝光度、员工认可度和潜在员工关注度。除此之外，旅悦每年都会做内部调研，通过问卷、访谈等形式一对一了解员工的真实感受，帮助企业看到自己的不足之处，不断完善管理模式。

国内的互联网企业发展之快、变化之多，在全球范围内都是极为罕见的现象。在这一背景下，企业要想领跑新赛道，需要的不只是前端业务的创新能力，更要有企业后端的支撑能力。作为新兴的“互联网 +”行业，旅悦在很多方面都没有可以直接借鉴的行业经验，只能自己开山辟路，摸着石头过河。一方面，这是挑战；另一方面，这也给了旅悦更大的空间。

毕竟，只有破壁入局的头号玩家，才有重新定义规则的机会和底牌。

Prospective Study

3 前瞻研究

人才地理和人才生态

TALENT GEOGRAPHY AND TALENT ECOLOGY

（本文节选自孟庆明《人才地理和人才生态评价白皮书》）

孟庆明 | 不来梅大学经济学系硕士。从事人力资源研究，多年来持续为成都高新区编写相关的人才发展状况白皮书并制作人才地图

近年来，我国的人才发展理念和方法正在经历着深刻改变，不少地区从以往只注重引进培养人才，转变为通过打造最优人才生态实现人才的可持续发展。

从目前各地“人才大战”的过程和结果来看，地区间人才竞争的各类手段被广泛使用，优惠政策、引才活动已越来越成为人才聚集和发挥才能的保健因素，边际效用越来越低。但是，各地人才招揽和发挥的效果有显著差别，所以需要找到造成这一现象的原因并针对性地制订解决方案，这其中，地区人才生态建设成为关键因素。2018年11月，中央组织部提出“加快推动人才生态建设与优化”，正式将人才生态的打造作为人才工作的重点。在“人才地理指数”评估各地人才状况的基础上，通过创立“人才生态指数”来分析产生地区人才差异的原因，从而为改善地区人才生态提供参考。

人才是经济社会发展的第一资源。国家实施人才强国战略确立了人才引领发展的战略地位，各地也将人才优先发展作为地区战略。在推进人才发展过程中，各地区遇到了非常多的困难，很多引才育才的措施效果不明显。这一方面与各地不同的基础条件有关，另一方面也与地区间相互竞争有关。为了更好地找到地区间差异并对人才竞争力进行分析，就需要进行人才地理学方面的研究。由于人才地理学涵盖的内容十分广泛，要研究影响地区人才竞争力的关键性要素，先需要摸清各地人才状况，所以在研究中创立了“人才地理指数”这一指标，用于评价各地人才状况。

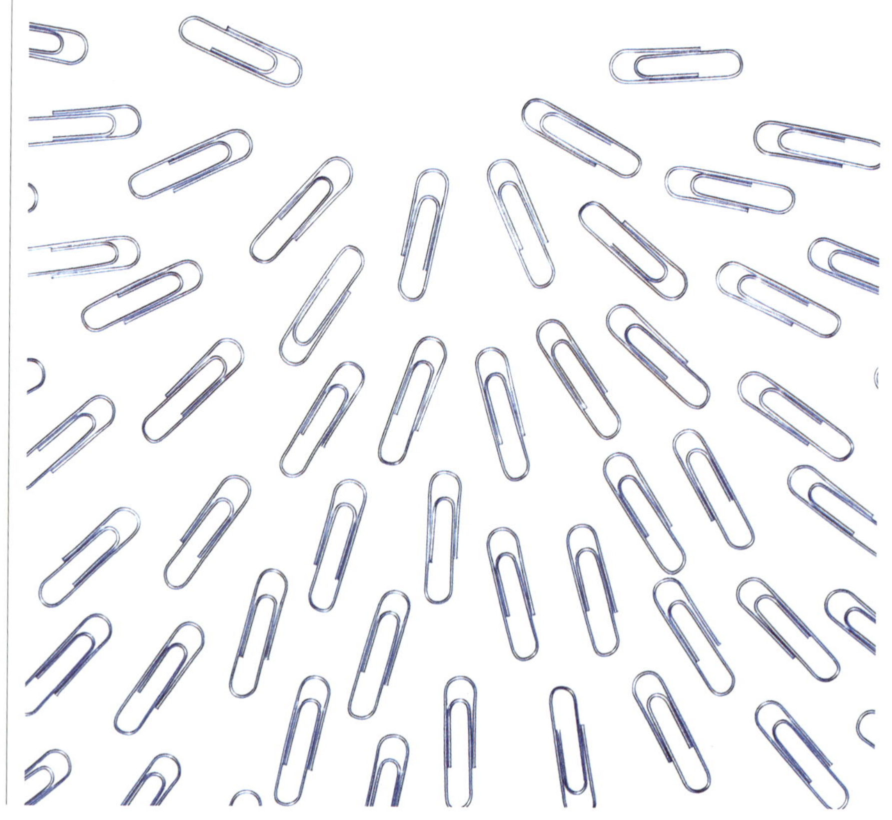

人才地理学

人才地理学是研究人才系统与地理环境（自然地理环境和人文地理环境的总和）的关系及其所形成的人才地理现象空间变化规律的科学。其中，人才系统是指在一定地域范围内，由众多相互联系、相互作用的人才个体组合而成的整体。人才地理学以研究“人地关系”为核心，和谐的人才系统与地理环境的关系，是人才地理学研究的主要任务①。

同时，美国社会学家Richard Florida发现了城市的多样性与人才空间分布的关系，即人力资本融入的便捷性决定了城市对人才的吸引力。Florida设定城市同性恋家庭数量作为多样性指数来衡量城市的多样性水平，以文化和夜生活场所等设施作为城市魅力指数重要影响条件，并融入就业指标、高技术产业指标、人均收入指标等，最终验证了人才与城市多样性显著相关②。

另一方面，人才对所在地的人文和自然环境也会产生能动作用，从而改变地理面貌。例如以色列1948年在中东成立后，大批的犹太移民将贫瘠、落后的沙漠地区改造成蔬果产区和全球最具创新活力地区。再如，中国改革开放后，大量从全国各地过去的“移民”将深圳从一个小渔村建设成为国际化大都市。

综上所述，各地的自然、人文环境与人才之间相互影响。人才地理学既要研究各地人才分布的原因和情况，又要探讨人才系统和区域发展如何相互促进的问题。人才和当地的环境相互影响，构成一套生态系统，该系统的好坏对地区发展、人才发挥产生重要影响，所以本次报告研究的人才地理学内容主要集中于人才生态范畴。在本次研究中，设立的“人才地理指数”主要是用来评价各地区人才的状况，包括人才分布、顶尖领军人才分布、人才产出和人才流动情况并因此生成四个二级指数。四个二级指数的加权平均值即为“人才地理指数”。

地区的自然和人文条件对人才的聚集和发挥产生影响，主要表现在三个方面：

区域观念的作用

人才在特定地区工作、生活，时刻与当地自然、人文环境接触，观念会逐渐受到影响。从某种意义上讲，区域观念是区域传统文化的派生物。

法律、制度的作用

法律、制度是文化景观很重要的因素。人才的自主权是否受到法律保障，经济制度能否从内部刺激企业对知识、人才的迫切需求，用人制度能否充分发挥人才的能动性、创造性，分配安置能否与成果贡献大小挂钩，都直接影响着人才的地理行为。

身心健康的作用

人才在某个地区的身心健康需要通过各种物质、社会环境进行维持。除衣食、住房、医疗等基本保障外，当地的自然景观、文化配套等也非常重要。美国社会学家Richard Florida对美国高科技城市调研以后发现，所有这些地方都不是先有高科技产业，而是先有人才。之所以会有人才是因为这些地方有其富有魅力的要素，也就是地方品质高。人才选择他们合意的高品质地方是因为他们需求的层次更高，需要富有魅力的地方生活工作。③

① 徐宝芳.人才地理学体系构建[J].干旱区资源与环境，1999(S1)

② 肖昕茹.人才地理学研究综述[J].人才开发，2018（8）:9.

③ 工经所40周年快乐！雄安一周岁快乐！.http://mini.eastday.com/a/180402191049423.html

人才生态系统

生态系统最早应用于自然科学，一般是指生物的生存状态，以及生物与周围环境的关系。生态系统中生物与环境之间持续发生能量流动、物质的不断循环、各种信息的传递。同时，人类社会与生态系统有很多类似点，越来越多的学者将生态系统与人类生活联系起来，进而产生了人类生态学的研究。美国社会学家帕克（R.Park）1915 年将生态系统概念引入人类社会中，提出人类生态学的概念。此后，其他学者把生态系统应用到人类社会的其他领域，如产业、创业、创新、电子商务等，产生了对应的生态系统概念，用系统的观点研究上述问题。人类凭借智慧推动生态系统的发展，人的思维通过智慧得以和外界进行信息和能量的交换，并产生智慧生态学概念，这显示了生态系统研究由自然发展到人类社会的进步。2005 年，南通中国人才科技研究院的沈邦仪教授出版的《人才生态论》，被认为是迄今为止第一本综合性研究国内外人才生态学的专著，同年中国人才研究会副会长王通讯主编了《人才学新论》，其中第四章“人才生态”，为国内人才生态学研究奠定了良好的基础。

人才生态系统指在特定的时间和区域内，各类人才与其生存环境所形成的有机复合体，包括人才外生态系统和人才内生态系统。人才生态系统作为人才与环境的复杂关系系统，对人才资源具有培养、开发、吸引、配置、使用和留住等功能，并可为区域的可持续发展提供人才保证。人才生态系统的研究范围有广义和狭义之分，狭义的研究范围是将人才和所处的环境抽象成一个模拟生态系统，运用和借鉴自然生态学的知识和视角，研究人才的成长，从而达到人才的可持续发展；广义的研究范围主要指人才与生态、人才与环境的互动关系，既要兼顾人才自身的可持续发展，还要保证人才的行为不影响生态环境的改进提升。

人才是“人才生态”的核心与关键，人才要想生存和发展就必须在特定的空间中以一定的数量组成规模不一的群体，从而更好地沟通信息、协调行为、适应人才生态环境，进而发展壮大。为研究方便，可以人为地将人才划分为不同的“种群”。以成都市高新区为例，人才种群如果按产业划分可分为电子信息技术人才种群、生物医药人才种群、金融人才种群、新经济人才种群等；按人才所从事的工作性质又可分为技术人才种群、管理人才种群、销售人才种群、服务人才种群等。人才集群是指在特定的时间和空间内，各种人才种群之间以及人才种群与人才生态环境之间，通过互相作用而有机结合的具有一定功能和结构的复合体。人才集群由不同的人才种群构成。再以成都市高新区为例，高新区内具有集成电路产业人才种群、软件服务人才种群、金融服务人才种群等，

这些人才种群又构成了电子科大人才集群、软件园人才集群、金融城人才集群等。同一个人才种群可以分属于不同的人才集群，每个人才集群包含的人才种群类别和数量也可以各不相同。人才生态中的“人才”并不是人才个体，而应指多样化的人才集群。要形成人才集群必须具备三个特征：一是形成一定程度的人才集聚，二是形成合理的人才梯队，三是人才类型多样化。多样化的人才集群是人才生态的核心要素，没有数量足、质量好、结构多样的人才集群，人才生态也就无从谈起。

“环境”是“人才生态”的基础。人才生态环境是人才以外的空间或直接或间接影响人才群体生存的一切事物的总和，包括了人才存在的空间和各种条件。人才与人才生态环境的相互关系共同构成了人才生态学最主要的研究主题。既包括了人才对人才生态环境的创造和改造，也包括了人才在人才生态环境变化的过程中为适应其变化所做的调整，即环境对人才的塑造。**人才生态环境既包括外部人才环境也包括人才自身的生态。**区域内人才种群和人才集群通过某种联系互相结合，组成人才生态系统的人才生产者、人才消费者和人才分解者。一个完整的人才生态系统，其各组成要素间不是孤立的，而是彼此联系并相互作用的。根据自然生态系统所具有的特质，可以推测人才生态系统具有一定的自我调节能力。因此，区域内人才生态系统中存在与人才直接或间接相关的物质循环和能量流动，并且人才之间能够顺畅地进行信息的交流与传递。人才种群、人才集群和人才生态环境构成了人才生态系统的内容基础。

人才生态系统可以包括：

社会生态
物质生态
制度生态
文化生态
人际生态
学术生态
也可以包括人才自身的级能生态、专业生态、个性生态、素质生态等

人才地理学与人才生态系统的关系

从上面的两组定义可以看出，人才地理学与人才生态系统是两个不同的概念。人才地理学以地域为单位，研究地区环境与人才发展之间的关系；人才生态系统虽然也有时间和地域的范围，但其更多讨论该时空内人才群体结构以及人才与环境（自然环境、法律环境、文化环境等）之间的关系。人才地理学强调地区，而人才生态系统则强调人才群体的结构和状况。

在全球化的背景下，人才生态系统就像全球自然生态一样是一个整体，但在不同的地区，生态系统会有所不同，有的健康，有的则濒于崩溃。讨论地区人才生态系统可归属人才地理学的研究范畴，从长远和全局角度来看，打造

好的人才生态系统是人才地理学研究的目的。目前中国的人才生态学往往从地方聚集人才、发展经济的角度出发展开研究。提供的政策建议和发展思路将地区经济社会发展放在了首要位置，而未重视人才生活环境、事业发展环境。这样的研究侧重点对于短期 GDP 增长或人才工作政绩有参考意义，但如果从人才长期为地区经济发挥作用的角度出发，需要重点研究一个地区的经济、生活配套能力。所以在研究中需要建立"人才地理指数"和"人才生态指数"两套指标，其中"人才地理指数"主要用于评估人才分布和发挥情况，而"人才生态指数"用于评估地区人才发展环境。最后对两个指标的关联性进行分析，找出改善地区人才状况的方法。

值得注意的是，地区人才生态既与一些普遍的指标相关，如人均收入、教育水平、物价水平等，也与行业有关。例如一个以生物为主导产业的地区与以博彩业为主导产业的地区可能都是发达地区，生活配套、教育水平都很高，但人才生态有重大区别。生物产业为主导的人才生态与以博彩业为主业的地区无法相互适应。就像人们在评价自然生态时，很难说究竟是温带阔叶林的生态好还是热带海底珊瑚礁的生态好。评价人才生态时，也需要考虑不同行业的视角。例如从一般视角看，香港的人才生态可能比长春好，但是如果从汽车制造的角度出发，长春的人才生态一定比香港好。因此在本次人才地理的研究中，对各地人才生态的评价会从两个视角出发，一个是不考虑具体行业的一般性人才生态，另一个是从某个行业（即某个人才种群）视角出发进行评价。本次研究中选取目前处于发展前沿的 IT、生物医药和金融行业作为示例行业。其中生物医药行业包含医疗服务和医疗设备；三个行业相交错的领域，如互联网医疗平台、互联网金融等计入 IT 行业。